Spanish Short Stories for Beginners:

21 Entertaining Short Stories to Learn Spanish and Develop Your Vocabulary the Fun Way!

Table of Contents

Introduction 1

Chapter One 4
   First Day of Class — Primer día de clases.. 4
   Resumen de la historia..7
   Summary of the Story 7
   Vocabulary 9
   Questions About the Story 11
   Answers 13

Chapter Two 14
   Traveling Through Latin America -- Viajar por Latinoamérica........................14
   Resumen de la historia.. 17
   Summary of the Story 17
   Vocabulary 19
   Questions About the Story 22
   Answers 24

Chapter Three 25
   Buying a New Car -- Comprando un auto nuevo.................................... 25
   Resumen de la hostoria.. 28
   Summary of the Story 28
   Vocabulary 30
   Questions About the Story 33
   Answers 35

Chapter Four 36
   A Healthy Life — Una vida saludable 36
   Resumen de la historia... 39
   Summary of the Story 39
   Vocabulary 41
   Questions About the Story 44
   Answers 46

Chapter Five 47

    A New House — Una casa nueva 47

    Resumen de la historia... 50

    Summary of the Story 51

    Vocabulary.. 52

    Questions About the Story 55

    Answers 57

Chapter Six...**58**

    Learning a New Language — Aprender un nuevo idioma.............................. 58

    Resumen de la historia.. 61

    Summary of the Story 61

    Vocabulary.. 63

    Questions About the Story 66

    Answers 68

Chapter Seven **69**

    Pets Are the Ideal Company — Las mascotas son la compañía ideal............... 69

    Resumen de la historia.. 72

    Summary of the Story 72

    Vocabulary.. 74

    Questions About the Story 76

    Answers 78

Chapter Eight **79**

    Going Shopping on the Weekend — Salir de compras en el fin de semana....... 79

    Resumen de la historia.. 82

    Summary of the Story 83

    Vocabulary.. 84

    Questions About the Story 86

    Answers 88

Chapter Nine **89**

    Everyone's Job Is Important — El trabajo de todos es importante 89

    Resumen de la historia.. 92

    Summary of the Story 92

    Vocabulary.. 94

Questions About the Story 97
Answers 99

Chapter Ten 100

The World of Sport — El mundo de los deportes 100

Resumen de la historia 103

Summary of the Story 104

Vocabulary 105

Questions About the Story 107

Answers 109

Chapter Eleven 110

Hobbies — Los pasatiempos 110

Resumen de la historia 114

Summary of the Story 115

Vocabulary 116

Questions About the Story 118

Answers 120

Chapter Twelve 121

The Importance of Banks — La importancia de los bancos 121

Resumen de la historia 124

Summary of the Story 125

Vocabulary 126

Questions About the Story 128

Answers 130

Chapter Thirteen 131

How to Get a Job — Como obtener un empleo 131

Resumen de la historia 135

Summary of the Story 136

Vocabulary 137

Questions About the Story 139

Answers 141

Chapter Fourteen 142

Festivals and Celebrations — Festivales y celebraciones 142

    Resumen de la historia..146
    Summary of the Story...147
    Vocabulary..148
    Questions About the Story..150
    Answers..152

Chapter Fifteen 153
    The Weather in My City — El clima de mi ciudad............................153
    Resumen de la historia..156
    Summary of the Story...156
    Vocabulary..158
    Questions About the Story..160
    Answers..162

Chapter Sixteen 163
    My Favorite Colors — Mis colores favoritos....................................163
    Resumen de la historia..166
    Summary of the Story...166
    Vocabulary..168
    Questions About the Story..170
    Answers..172

Chapter Seventeen 173
    My Best Friends — Mis mejores amigos..173
    Resumen de la historia.. 177
    Summary of the Story...178
    Vocabulary..179
    Questions About the Story.. 180
    Answers..182

Chapter Eighteen 183
    When Is Your Birthday? — ¿Cuándo es tu cumpleaños?.................183
    Resumen de la historia..187
    Summary of the Story... 188
    Vocabulary..190
    Questions About the Story..192

    Answers 194

Chapter Nineteen 195
    The Best Family in the World — La mejor familia del mundo 195

    Resumen de la historia 199

    Summary of the Story 200

    Vocabulary 202

    Questions About the Story 204

    Answers 206

Chapter Twenty 207
    Are You in Fashion? — ¿Estás a la moda? 207

    Resumen de la historia 211

    Summary of the Story 212

    Vocabulary 214

    Questions About the Story 216

    Answers 218

Chapter Twenty-one: 219
    Enjoying Good Music — Disfrutar de buena música 219

    Resumen de la historia 223

    Summary of the Story 224

    Vocabulary 226

    Question About the Story 228

    Answers 230

Conclusion 231

Introduction

Thank you for purchasing, "*Spanish Short Stories for Beginners: 21 Entertaining Short Stories to Learn Spanish and Develop Your Vocabulary the Fun Way!*"

If you are looking for a fun and easy way to develop your Spanish skills, then you have come to the right place. In this volume, you will find the best way to develop your Spanish skills in no time.

Often, it can be complicated for language learners to find the right type of materials with which to learn a new language and practice what they already know. In fact, there is a myriad of materials out there to choose from.

So, the challenge becomes: where to begin.

The truth is that there are many courses and materials out there, claiming to help people learn Spanish, or any other language, in short order. You might hear promises of learning a language in just a couple of weeks. Some of the more outrageous claims state that you can learn a language in just a few hours.

While it is true that the right methodology can help you improve your skills without having to spend weeks, or even months, in a language school, it is also true that it is not realistic to learn a language with just a couple of lessons.

The truth is learning a language does require work and dedication. Mainly, it is a matter of focus. When you have the right materials in hand, and you are focused on what you want to achieve, learning a language does not become an arduous endeavor. In fact, it can be a lot of fun.

That is why this book presents you with 21 short stories about various topics. These topics are intended to be interesting, fun, and informative. This way, you will not only learn Spanish but also pick up on other interesting topics. After all, isn't it great that you can learn a language and also practice with some of your favorite topics?

In this volume, you will find that each chapter contains a story. The story is intended to introduce the topic and present the target vocabulary in such a way that you can navigate through the story in an easy and digestible manner. This book is hardly about complex grammar rules and learning the names of everything in the language. This book is all about getting you off the ground in your effort to master this wonderful language.

Then, you will find a summary of the story in Spanish. This summary is meant to serve as a study guide so that you can synthesize your understanding of the topic in a more concise manner. The summary in English will help you to fixate the main idea and topic in your mind. This is intended to serve as a study guide so that you won't have to guess if your understanding of the story was correct or not.

The multiple-choice questions are intended to help you improve your reading comprehension, vocabulary, and grammar skills. The answers provided at the end of the chapter serve as a means of helping you determine your full comprehension of the story.

The most important thing to keep in mind is that learning a language requires one thing, and that is consistency. So, the more consistent you are in your language-learning endeavors, the easier it will be for you to make progress. While you can still make progress even if you don't devote quite as much time to it, the progress you see won't be quite as a significant.

That being said, whether you can devote 15 minutes of your time or one hour a day, the main thing to keep in mind is to be consistent with the amount of time you can dedicate to this book. This way, you can ensure that you will be making progress, even if it's a little every day.

So, don't wait any longer. Dedicate a small chunk of your time every day, and allot it to the study of this book. You can surely take 10 or 15 minutes of a lunch hour, commute, or even right before bedtime to learn Spanish. Whether you are looking to learn Spanish for fun, for an upcoming trip or to improve your job skills, you will find that it is not only rewarding but also personally satisfying.

Good luck!

Chapter One

First Day of Class — Primer día de clases

Hoy es el **primer** día de clases. **Estoy** súper **emocionada** porque estoy en un **nuevo grado**. **También tengo** una nueva **maestra**. Mi maestra se llama Margarita. Es muy **amable**, pero es **estricta**. Todos mis **compañeros** del año **pasado** están **conmigo**. Somos un grupo muy **unido**. Tenemos muchos años de ser amigos.

Este año, **quiero** hacer **muchas** cosas. Quiero **jugar** en el **equipo** de **basquetbol**. Es mi primer año con el basquetbol. Estoy **segura** de que debo **trabajar** mucho, pero sé que lo **lograré**. Es un sueño ser parte del equipo de basquetbol de mi **escuela**.

Otra **meta** para este **año** es aprender un nuevo **idioma**. Quiero **aprender** francés. Es un idioma muy bonito. Es un poco **difícil**, pero no es tan **complicado** como parece. Miro **algunos videos** en línea y puedo **entender** algunas **palabras**. Creo que no será tan difícil.

Mi otra meta para este año es sacar las **mejores** notas de la **clase**. Quiero ser la mejor **estudiante** de mi **generación**. Por eso estoy decidida a hacer mi mejor **esfuerzo** para lograrlo. Con trabajo y **dedicación** sé que lo voy a lograr.

Tengo muchas metas. Pero también estoy muy motivada para lograrlas. Mis padres me **apoyan**. Con su **ayuda**, todo es más **fácil**. Aunque no siempre es fácil lograr las metas, lo importante es hacer un buen esfuerzo. Estoy preparada para dar mi mejor esfuerzo este año. No voy a **perder** las **oportunidades** que tengo.

Pero, la **diversión** también es importante. Mis amigos y yo nos **gusta** divertirnos. Vamos a **fiestas** los **fines de semana**. Nos gusta ir al **cine**, o hacer **deporte** en el **parque**. Mi actividad favorita es ir al cine a ver los **estrenos** más **recientes**. Esta **semana**, hay una nueva **película** de **terror**. A mis amigos no les gusta las películas de terror, pero a mí me encantan. Solo mi amiga Valentina es **valiente**. Ella sí ve estas películas conmigo. A los chicos les da mucho miedo las películas de terror. ¡Es tan **gracioso**!

Es muy divertido pasar el **tiempo** en el cine, **practicando** deportes o haciendo actividades **libres**. Pero creo que es necesario **enfocarse** en las metas de la vida. Sin metas, es imposible alcanzar el **éxito**. Si no tienes metas, no sabes qué es lo que **realmente** quieres lograr. Por eso es que me siento **segura** de lo que quiero ser en la vida.

Estoy muy emocionada por este nuevo año **escolar**. Quiero lograr todas mis metas. El **próximo** año estaré en mi **último** año de **secundaria**. Luego, me voy a la **universidad**. Es **emocionante** pensar que pronto estaré estudiando una carrera universitaria. Estoy decidida que quiero ser **doctor**. Es una carrera difícil.

Pero, con esfuerzo lo voy a lograr. Tengo el apoyo de mis padres y mis amigos. Estoy segura de que lo voy a lograr.

Por ahora, debo **concentrarme** en mis clases. La clase más difícil para mí es **matemáticas**. Entonces, debo concentrarme durante esta clase para comprender los **conceptos**. Siempre estudio mucho para mi clase de matemáticas. La clase de **lenguaje** es fácil para mí al igual que las clases de **ciencias**. Pero mi clase favorita es arte. Me gusta mucho pintar y dibujar. Me gusta expresar mis **habilidades artísticas**.

Ya están todos mis amigos en clase. Vamos a **iniciar** con nuestra primera clase del año. ¡Qué nervios! Ya vamos a iniciar un nuevo año. Estoy segura de que todo saldrá bien. Estoy con mis amigos y tengo todas las ganas para ser exitosa. No puedo **esperar** más. Quiero lograr las mejores notas este año, jugar en el equipo de basquetbol y aprender un nuevo idioma. Yo sé que es **bastante** trabajo, pero con un poco de esfuerzo y dedicación, lo voy a lograr.

Ahora, solo queda iniciar las clases y echarle ganas. Estoy **optimista** sobre el **futuro**. Pronto lograré todas mis metas... al igual que divertirme con mis amigos. Juntos, vamos a tener el mejor año de **nuestras vidas**.

Resumen de la historia

Hoy es el primer día de un nuevo año escolar. Estoy emocionada porque tengo muchas metas. Quiero ser la mejor estudiante de la clase. También quiero aprender un nuevo idioma. Estoy interesada en aprender francés. También quiero jugar en el equipo de basquetbol de mi escuela. Estoy motivada porque estoy segura de que será un buen año. Estoy con todos mis amigos del año pasado. A mis amigos y yo nos gusta divertirnos. Hacemos deporte los fines de semana, vamos al cine y estamos en fiestas. Pero también nos gusta estudiar mucho para sacar buenas notas en los exámenes. Voy a tener el mejor año de mi vida. Pero, debo esforzarme para alcanzar mis metas. Tengo el apoyo de mis padres y de mis amigos. Así que tengo todo lo que necesito para alcanzar mis metas este año. Ya vamos a iniciar con la primera clase. ¡Qué nervios!

Summary of the Story

Today is the first day of the new school year. I am excited because I have many goals. I want to be the best student in class. I also want to learn a new language. I am interested in learning French. I also want to play in my school basketball team. I am motivated because I am sure it will be a good year. I am with all my friends from last year. My friends and I like to have fun. We do sports on weekends, we go to the movies, and we go to parties. But we also like to study hard to get good grades on exams. I will have the best year of my life. But, I must strive to reach my goals. I have the support of my parents and my friends. So, I have everything I need to reach my goals this year. We are going to start with the first class. How nerve-wracking!

Vocabulary

1. **hoy** — today
2. **primer** — first
3. **estoy** — I am
4. **emocionada** — excited
5. **nuevo** — new
6. **grado** — grade
7. **también** — as well
8. **tengo** — I have
9. **maestra** — teacher
10. **amable** — nice
11. **estricta** — strict
12. **compañeros** — companions
13. **pasado** — past
14. **conmigo** — with me
15. **unido** — united
16. **quiero** — I want
17. **muchas** — many
18. **jugar** — to play
19. **equipo** — team
20. **basquetbol** — basketball
21. **segura** — safe
22. **trabajar** — to work
23. **lograré** — I will achieve
24. **escuela** — school
25. **meta** — goal
26. **año** — year
27. **idioma** — language
28. **aprender** — to learn
29. **difícil** — hard
30. **complicado** — complicated
31. **algunos** — some
32. **videos** — videos
33. **entender** — understand
34. **palabras** — words
35. **mejores** — top
36. **clase** — class
37. **estudiante** — student
38. **generación** — generation
39. **esfuerzo** — effort
40. **dedicación** — dedication
41. **apoyan** — support
42. **ayuda** — help
43. **fácil** — easy
44. **perder** — to lose

45.	**oportunidades**	opportunities
46.	**diversión**	fun
47.	**gusta**	like
48.	**fiestas**	parties
49.	**fines de semana**	weekends
50.	**cine**	movie theater
51.	**deporte**	sport
52.	**parque**	park
53.	**estrenos**	premieres
54.	**recientes**	recent
55.	**semana**	week
56.	**película**	movie
57.	**terror**	terror
58.	**valiente**	brave
59.	**gracioso**	funny
60.	**tiempo**	weather
61.	**practicando**	practicing
62.	**libres**	free
63.	**enfocarse**	focus
64.	**éxito**	success
65.	**realmente**	really
66.	**segura**	safe
67.	**escolar**	school
68.	**próximo**	next
69.	**último**	latest
70.	**secundaria**	high school
71.	**universidad**	college
72.	**emocionante**	exciting
73.	**doctor**	doctor
74.	**concentrarme**	concentrate
75.	**matemáticas**	maths
76.	**conceptos**	concepts
77.	**lenguaje**	language
78.	**ciencias**	sciences
79.	**habilidades**	skills
80.	**artísticas**	artistic
81.	**iniciar**	start
82.	**esperar**	wait
83.	**bastante**	quite
84.	**optimista**	optimistic
85.	**futuro**	future
86.	**nuestras**	our
87.	**vidas**	lives

Questions About the Story

1. ¿Cuál es el nuevo idioma que quiero aprender?

    a. Español

    b. Inglés

    c. Francés

    d. Alemán

2. ¿Cuál es el deporte que quiero jugar en el equipo de mi escuela?

    a. Béisbol

    b. Basquetbol

    c. Volibol

    d. Tenis

3. ¿Cuáles son mis clases favoritas?

    a. Matemáticas y ciencias

    b. Matemáticas e inglés

    c. Lenguaje y arte

    d. Lenguaje y deportes

4. ¿Cuál es la actividad que más me gusta con mis amigos?

    a. Ir al cine

    b. Jugar tenis

    c. Estudiar francés

    d. Ver televisión

5. ¿Cuál es mi meta para este año?

    a. Ser la mejor estudiante de mi generación

b. Tener muchos amigos en mi generación

c. Aprender todos los idiomas de la escuela

d. Practicar todos los deportes que hay

Answers

1. C
2. B
3. A
4. A
5. A

Chapter Two

Traveling Through Latin America -- Viajar por Latinoamérica

Latinoamérica es una **región** muy **amplia**. En **total**, hay **veinte** países en Latinoamérica. Todos los países **tienen** al español como idioma **oficial** con **excepción** de Brasil, cuyo idioma oficial es el **portugués**, y Haití, cuyo idioma oficial es el francés.

Cuando viajas por Latinoamérica, es **común** ver todo **tipo** de **paisajes, climas, culturas** y **tradiciones**. Muchas de las **tradiciones** son de **origen europeo**, **particularmente** de España, Francia y Portugal, o bien, **ancestrales** de origen **indígena** o **africano**. Esta **mezcla** de tradiciones y culturas hacen de Latinoamérica, una región muy **diversa**.

La **diversidad** también **aplica** a los diferentes tipos de **ecosistemas** que se **encuentran** en la región. Existen ecosistemas **tropicales** como la **selva** en México y Guatemala, o bien, la selva **tropical** de las Amazonas en Brasil, Colombia, Ecuador, Perú y Bolivia. También existen ecosistemas **secos**, tipo **desierto**, como es el caso de Chile y Perú, o bien, ecosistemas **fríos** como la Patagonia en Chile y Argentina. **En definitiva, existe** un poco para todos los gustos.

Latinoamérica también es una región **llena** de mucha **historia**. La tradición **española** y **portuguesa** a lo largo de la región se puede ver en los diferentes tipos de **edificios**, **monumentos** e **iglesias** en todos los países de la región. **En algunos casos**, los edificios e iglesias tienen más de **cuatrocientos** años de historia. Pero, cada país tiene su **propia** historia que **contar**. Es por ello que debes visitar cada país para conocer más **acerca** de su historia.

Sin embargo, la historia de Latinoamérica **comienza** hace varios **siglos**. En cada país, existe una **rica** cultura e historia **sobre** pueblos **prehispánicos**, es decir, grupos **sociales** previos a la **venida** de los europeos. Estos grupos de personas mantienen vivas sus costumbres y cultura a través de las diversas tradiciones en **cada** país.

Por ejemplo, en México se celebra el "Día de los Muertos", lo cual es una **fusión** de la **celebración** tradicional con la cultura española. Esta celebración es una de las más **grandes** en toda Latinoamérica. Es **conocida** por sus **colores, música** y rica **comida**.

Otra celebración muy conocida es el Carnaval en Brasil. Esta celebración es una **mezcla** de las tradiciones prehispánicas con la cultura europea. El **resultado** es una **fiesta nacional** que **atrae** la **atención** de **todo el mundo**. Visitar Brasil en **época** de Carnaval es una **experiencia singular** para **cualquier turista**. Además, se la música alegra y viva, también se ven los **disfraces** elegantes y elaborados. Estos son la **atracción principal** del Carnaval.

Para los **amantes** de la **arqueología**, existen **templos** y **ruinas** de **civilizaciones anteriores**. Por ejemplo, las ruinas de los antiguos **Mayas ubicados** en el sur de México, Guatemala y Honduras son visitadas por miles de turistas cada año. Las ciudades de Teotihuacán en México, Tikal en Guatemala, y Copán en Honduras, son las principales atracciones. **Vale la pena** realizar un viaje a estas **ciudades** tan **emblemáticas**.

Otro sitio muy **famoso** es Macchu Picchu en Perú. Este es el sitio más conocido del antiguo **Imperio** Inca. Este es un lugar lleno de historia y muchas leyendas. Es un viaje **impresionante** que **jamás** se podrá olvidar. **Miles** de turistas llegan cada año para conocer este lugar tan lleno de **misterio** y **magia**. Además, las fotografías en este **punto** son **únicas**. No hay mejor lugar para **tomarse fotografías inolvidables**.

Estos son **apenas** algunas de las **maravillas** que hay en Latinoamérica. Existen tantos **lugares** como **playas impresionantes, montañas majestuosas, volcanes activos**, y diversidad **biológica** que no se puede encontrar en **ninguna** otra parte. En definitiva, viajar por Latinoamérica es una oportunidad singular para conocer partes del mundo **inigualables**. Lo mejor de todo es que las personas son amables y amigables. Además, la comida es **deliciosa**. En realidad, no hay más **excusas**. Viajar por Latinoamérica es una experiencia singular.

Resumen de la historia

Latinoamérica es una región diversa en cultura y clima. Existen todo tipo de climas para disfrutar. Hay desde playas impresionantes hasta regiones frías. Hay montañas, volcanes y selvas para conocer. En definitiva, la naturaleza es única.

También existe una diversidad cultural en cada país. La fusión de las cultural prehispánicas con la cultura europea se evidencia en la riqueza de la comida y la belleza de las tradiciones. Cada país está lleno de historia que va desde hace miles de años.

En Latinoamérica se pueden visitar lugares como monumentos, ruinas, edificios e iglesias que tienen hasta cuatrocientos años de historia. Todos estos lugares están llenos de misterio y magia. Existen muchas leyendas acerca de estos lugares.

Pero lo mejor de viajar por Latinoamérica son las personas. Las personas son amigables y siempre están para ayudar a los turistas. Viajar por Latinoamérica es una experiencia única e inolvidable.

Summary of the Story

Latin America is a diverse region in regards to culture and climate. There are all kinds of climates to enjoy. They range from stunning beaches to cold regions. There are mountains, volcanoes, and jungles to know. In short, nature is unique.

There is also cultural diversity in each country. The fusion of pre-Hispanic culture with European culture is evident in the richness of food and the beauty of traditions. Each country is full of history that goes back to thousands of years ago.

In Latin America, you can visit places, such as monuments, ruins, buildings, and churches that have up to four hundred years of history. All of these places are full of mystery and magic. There are many legends about these places.

But the best thing about traveling through Latin America is the people. People are friendly and always there to help tourists. Traveling in Latin America is a unique and unforgettable experience.

Vocabulary

1. **región** — region
2. **amplia** — wide
3. **total** — total
4. **veinte** — twenty
5. **tienen** — they have
6. **oficial** — official
7. **excepción** — exception
8. **portugués** — Portuguese
9. **cuando** — when
10. **común** — common
11. **tipo** — kind
12. **paisajes** — landscapes
13. **climas** — climates
14. **culturas** — cultures
15. **tradiciones** — traditions
16. **origen** — origin
17. **europeo** — European
18. **particularmente** — particularly
19. **ancestrales** — ancestral
20. **indígena** — indigenous
21. **africano** — African
22. **mezcla** — mixture
23. **diversa** — diverse
24. **diversidad** — diversity
25. **aplica** — apply
26. **ecosistemas** — ecosystems
27. **encuentran** — they find
28. **tropicales** — tropical
29. **selva** — jungle
30. **tropical** — tropical
31. **secos** — dry
32. **desierto** — desert
33. **fríos** — cold
34. **en definitiva** — definitely
35. **existe** — exists
36. **llena** — full
37. **historia** — history
38. **española** — Spanish
39. **portuguesa** — Portuguese
40. **edificios** — buildings
41. **monumentos** — monuments
42. **iglesias** — churches
43. **en algunos casos** — in some cases
44. **cuatrocientos** — four hundred

45.	**propia**	own
46.	**contar**	tell
47.	**acerca**	about
48.	**sin embargo**	but nevertheless
49.	**comienza**	begins
50.	**siglos**	centuries
51.	**rica**	delicious
52.	**sobre**	on
53.	**prehispánicos**	prehispanic
54.	**sociales**	social
55.	**venida**	coming
56.	**cada**	every
57.	**por ejemplo**	for example
58.	**fusión**	fusion
59.	**celebración**	celebration
60.	**grandes**	big
61.	**conocida**	known
62.	**colores**	colors
63.	**música**	music
64.	**comida**	food
65.	**mezcla**	mixture
66.	**resultado**	result
67.	**fiesta**	party
68.	**nacional**	national
69.	**atrae**	attracts
70.	**atención**	attention
71.	**todo el mundo**	all the world
72.	**época**	time
73.	**experiencia**	experience
74.	**singular**	singular
75.	**cualquier**	any
76.	**turista**	tourist
77.	**disfraces**	costumes
78.	**atracción**	attraction
79.	**principal**	principal
80.	**amantes**	lovers
81.	**arqueología**	archeology
82.	**templos**	temples
83.	**ruinas**	ruins
84.	**civilizaciones**	civilizations
85.	**anteriores**	previous
86.	**mayas**	Maya
87.	**ubicados**	located
88.	**vale la pena**	worth it
89.	**ciudades**	cities
90.	**emblemáticas**	emblematic
91.	**famoso**	famous

#	Spanish	English
92.	**imperio**	empire
93.	**impresionante**	awesome
94.	**jamás**	never
95.	**miles**	thousands
96.	**misterio**	mystery
97.	**magia**	magic
98.	**punto**	point
99.	**únicas**	unique
100.	**tomarse**	be taken
101.	**fotografías**	photographs
102.	**inolvidables**	unforgettable
103.	**apenas**	barely
104.	**maravillas**	wonders
105.	**lugares**	places
106.	**playas**	beaches
107.	**impresionantes**	awesome
108.	**montañas**	mountains
109.	**majestuosas**	majestic
110.	**volcanes**	volcanoes
111.	**activos**	assets
112.	**biológica**	biological
113.	**ninguna**	any
114.	**inigualables**	unparalleled
115.	**deliciosa**	delicious
116.	**excusas**	excuses

Questions About the Story

1. ¿Qué lugares puedes encontrar en Latinoamérica?

    a. Centros comerciales

    b. Edificios y monumentos

    c. Aviones y trenes de carga

    d. Muchos lugares lindos

2. ¿Qué son los Mayas y los Incas?

    a. Lugares turísticos

    b. Edificios históricos

    c. Sociedades prehispánicas

    d. Países impresionantes

3. ¿Cómo son las personas en Latinoamérica?

    a. Terribles

    b. Altas

    c. Bonitas

    d. Amables

4. ¿Cuál es el origen de los países Latinoamericanos?

    a. Diverso

    b. Importante

    c. Variado

    d. Europeo

5. ¿Cómo es la experiencia en Latinoamérica?

    a. Grande

b. Espacial

c. Singular

d. Importante

Answers

1. B
2. C
3. D
4. D
5. C

Chapter Three

Buying a New Car -- Comprando un auto nuevo

Para muchas **personas**, **comprar** un **auto** nuevo es un **sueño** hecho **realidad**. Existen personas que pasan mucho tiempo **trabajando** y **ahorrando** su **dinero** para comprar el auto de sus sueños. En algunos casos, estos autos son **costosos**. Por eso es que deben **ahorrar** por mucho tiempo. En otros casos, un **préstamo** por el valor del auto **ayuda** a **comprarlo**. Pero, se debe **pagar** las **cuotas** del auto mes a **mes**. **Entonces**, es **igualmente necesario contar** con dinero para pagar el auto.

Algunas personas sueñan con un auto de **lujo**. Este tipo de auto cuenta con muchas **características especiales** como **asientos** de **cuero**, **equipo electrónico**, **transmisión automática** y un **estéreo** de potente. Estos autos son ideales para la **ciudad** ya que son **cómodos** especialmente cuando hay mucho **tráfico**. Además, estos autos cuentan con **bastante espacio** para para llevar a varias personas.

Otras personas sueñan con un **auto deportivo**. Este tipo de auto es **rápido** y **pequeño**. Cuenta con un **motor** potente que puede alcanzar **velocidades** muy **altas**. Es ideal para **conducirlo** en **autopista** o en **carreteras** libres de **límite** de velocidad. Estos autos **usualmente** son de dos **plazas**, es decir, solamente dos personas pueden ir dentro del auto. También **cuentan** con transmisión automática, o bien **manual**, según la **preferencia** del **conductor**.

También existe un tipo de auto conocido como "**camioneta**". Este tipo de auto sirve para **transportar** personas y su **equipaje** especialmente cuando se hacen **viajes** largos. Estos son autos **grandes**, con un motor **fuerte**, y con mucho espacio. Son muy cómodos y son **útiles** tanto en la ciudad como en carretera libre. Esta clase autos permite una **experiencia** más cómoda sobre todo cuando se hacen viajes largos.

Luego, existe otro tipo de auto conocido como "**pick-up**". Este tipo de auto sirve para trabajo. Usualmente, tiene dos plazas ya que la parte **trasera** está **abierta**. Entonces, la parte trasera sirve para **colocar objetos** de **carga** como **muebles**, **cajas**, **materiales** para el hogar, o cualquier otro objeto grande. Estos autos son muy útiles para personas que **normalmente** cargan cosas de un **lado hacia** otro.

En definitiva, comprar un auto es muy útil para el transporte personal y de la **familia**. Algunas personas usan su auto para ir a su trabajo. Otras personas lo usan para los **fines de semana**. Algunas otras personas usan su auto como **pasatiempo**. Por ejemplo, hay personas que disfrutan las **competencias** de autos.

Pero para las personas que compran y venden autos, esto se **convierte** en un **negocio**. Una **concesionaria** es una **empresa** en donde se **venden** autos de todo tipo. En general, una concesionaria trabaja con una **marca** específica de auto. Aunque hay algunas concesionarias que trabajan todo tipo de autos y de **cualquier** marca. En una empresa de estas, una persona puede encontrar su auto **ideal** y a un **buen precio**.

Las personas también pueden vender su auto de manera **independiente**. Esto se conoce como una **venta privada**. En una venta privada, una persona **decide** vender su auto a una persona interesada en **comprarlo**. Estas dos personas se ponen de acuerdo en el precio, y listo, se vende el auto. Una práctica común en este caso es llevar el auto con un **mecánico**. El mecánico tiene **herramientas** para **revisar** el auto. Con esto, se sabe si el auto está en buenas **condiciones** o si necesita **reparaciones**. Por eso, la opinión de un buen mecánico es importante antes de comprar un **auto usado**.

En general, comprar un auto es un sueño para muchas personas. Lo importante es saber si el auto está en buen **estado** sobre todo si es un auto usado. Entonces, es buena idea **investigar** un auto **previo** a comprarlo. **De lo contrario**, comprar un auto en **mal estado** puede resultar en una **mala experiencia**.

Resumen de la hostoria

Comprar un auto es un sueño para muchas personas. Algunas personas ahorran su dinero mucho tiempo para comprar el auto de sus sueños. Otras personas obtienen un préstamo para comprar el auto que desean.

Existen diferentes tipos de autos. Por ejemplo, existen autos de lujo, deportivos, camionetas y "pick-ups". El tipo de auto que una persona comprar depende del uso. Las personas que viven en la ciudad usualmente compran un auto de lujo. Las personas que disfrutan la velocidad compran un auto deportivo. Las personas que hacen viajes largos compran una camioneta. Las personas que usan un auto para su trabajo pueden comprar un "pick-up".

Siempre es buena idea revisar un auto usado con un mecánico. Si el auto está en buenas condiciones, es una buena compra. Pero si el auto está en malas condiciones, éste podría ser una mala compra. Por eso es importante la opinión de un buen mecánico antes de comprar un auto usado.

Summary of the Story

Buying a car is a dream for many people. Some people save their money for a long time to buy the car of their dreams. Other people get a loan to buy the car they want.

There are different types of cars. For example, there are luxury cars, sports cars, SUVs, and pick-ups. The type of car a person buys depends on the use. People who live in the city usually buy a luxury car. People who enjoy racing buy a sports car. People who make long trips buy an SUV. People who use a car for work can buy a pick-up.

It is always a good idea to check a used car with a mechanic. If the car is in good condition, it is a good purchase. But if the car is in bad condition, this could be a bad purchase. That is why the opinion of a good mechanic is important before buying a used car.

Vocabulary

1. **personas** — people
2. **comprar** — to buy
3. **auto** — car
4. **sueño** — dream
5. **realidad** — reality
6. **trabajando** — working
7. **ahorrando** — saving
8. **dinero** — money
9. **costosos** — expensive
10. **ahorrar** — save money
11. **préstamo** — loan
12. **ayuda** — help
13. **comprarlo** — buy
14. **pagar** — pay
15. **cuotas** — dues
16. **mes** — month
17. **entonces** — so
18. **igualmente** — equally
19. **necesario** — necessary
20. **contar** — tell
21. **lujo** — luxury
22. **características** — characteristics
23. **especiales** — specials
24. **asientos** — seating
25. **cuero** — leather
26. **equipo electrónico** — electronic equipment
27. **transmisión** — transmission
28. **automática** — automatic
29. **estéreo** — stereo
30. **ciudad** — city
31. **cómodos** — comfortable
32. **tráfico** — traffic
33. **bastante** — quite
34. **espacio** — space
35. **auto deportivo** — sports car
36. **rápido** — quick
37. **pequeño** — small
38. **motor** — engine
39. **velocidades** — speeds
40. **altas** — high
41. **conducirlo** — drive it
42. **autopista** — freeway
43. **carreteras** — roads

44.	**límite**	limit
45.	**usualmente**	usually
46.	**plazas**	plazas
47.	**cuentan**	they count
48.	**manual**	manual
49.	**preferencia**	preference
50.	**conductor**	driver
51.	**camioneta**	van
52.	**transportar**	transport
53.	**equipaje**	luggage
54.	**viajes**	travels
55.	**grandes**	big
56.	**fuerte**	strong
57.	**útiles**	tools
58.	**experiencia**	experience
59.	**pick-up**	pick-up
60.	**trasera**	rear
61.	**abierta**	open
62.	**colocar**	place
63.	**objetos**	objects
64.	**carga**	load
65.	**muebles**	furniture
66.	**cajas**	boxes
67.	**materiales**	materials
68.	**normalmente**	usually
69.	**lado**	side
70.	**hacia**	toward
71.	**en definitiva**	definitely
72.	**familia**	family
73.	**fines de semana**	weekends
74.	**pasatiempo**	hobby
75.	**competencias**	competitions
76.	**convierte**	converts
77.	**negocio**	deal
78.	**concesionaria**	dealership
79.	**empresa**	company
80.	**venden**	do you sell
81.	**marca**	brand
82.	**cualquier**	any
83.	**ideal**	ideal
84.	**buen**	good
85.	**precio**	price
86.	**independiente**	independent
87.	**venta privada**	private sale
88.	**decide**	decide
89.	**comprarlo**	buy
90.	**mecánico**	mechanic

91.	**herramientas**	tools
92.	**revisar**	check
93.	**condiciones**	terms
94.	**reparaciones**	repairs
95.	**auto usado**	used car
96.	**en general**	in general
97.	**estado**	state
98.	**investigar**	research
99.	**previo**	previous
100.	**de lo contrario**	on the contrary
101.	**mal estado**	disrepair
102.	**mala experiencia**	bad experience

Questions About the Story

1. ¿Qué es comprar un auto para muchas personas?

    a. Una idea

    b. Un sueño

    c. Un concepto

    d. Una necesidad

2. ¿Qué necesitas para comprar un auto?

    a. Comida

    b. Trabajo

    c. Dinero

    d. Poder

3. ¿Dónde puedes comprar un auto?

    a. En una tienda

    b. En el centro comercial

    c. En el trabajo

    d. En una concesionaria

4. ¿Cómo puedes comprar un auto?

    a. Con un préstamo

    b. Con tus ideas

    c. Con un tiempo

    d. Con el trabajo

5. ¿Qué hace el mecánico?

    a. Trabaja duro

b. Es un amigo

c. Revisa el auto

d. Hace trabajo

Answers

1. B
2. C
3. D
4. A
5. C

Chapter Four

A Healthy Life — Una vida saludable

Vivir una **vida saludable** es una meta de muchas personas. **A veces**, no es **fácil** vivir **saludablemente**. Tomar las **decisiones correctas** en cuanto a la **alimentación** y la **actividad física** requieren estudio y **comprensión** sobre la mejor **manera** de **alcanzar** las metas personales.

Por ejemplo, existen personas que desean **perder** un poco de **peso**. Estas personas no **desean** verse como **modelos**. **Simplemente** quieren perder peso y **sentirse** mejor. **Para ello**, es importante tener una **dieta** saludable y hacer **ejercicio regular**. Con esta **combinación**, pueden perder peso, **lucir** mejor, y sentirse bien.

Luego, hay otras personas que quieren verse lo mejor posible. Es por ello que tienen una dieta **estricta** y hacen bastante ejercicio, usualmente en el **gimnasio**. Este tipo de personas van **prácticamente** todos los días al gimnasio. Su meta es ser saludables y lucir muy bien.

Para aquellas personas que son **atletas**, su meta es **prepararse** para un deporte **específico**. El deporte particular **no importa**. Lo que importa es que tienen la **preparación necesaria** para ser **competitivo** en ese deporte. Esto requiere de mucho tiempo y **esfuerzo**. El resultado es una condición física adecuada para el deporte que desean practicar.

La combinación para una vida saludable es una buena **nutrición** y ejercicio **regular**. **Primeramente**, una buena nutrición se basa en **comer frutas** y **vegetables** más que comidas **procesadas**. Las comidas procesadas son altas en **azúcar** y contienen **químicos**. Estos químicos y azúcar hacen que las personas **suban** de peso. Por lo tanto, es **difícil** perder peso cuando se tiene una dieta basada en comidas procesadas.

Al respecto del azúcar, es buena idea **evitar** consumir azúcar **excesivamente**. Si se consume mucha azúcar, el cuerpo la **guarda** para futuro uso. **Con el tiempo**, se **gana** peso. Lo mismo sucede con los **carbohidratos**. Si se consumen demasiados carbohidratos, también se puede subir de peso.

Pero esto no quiere decir que no **debes** consumir azúcar y carbohidratos. Lo que **significa** es que debes consumir en una **cantidad moderada**. Eso es todo. Si consumes la cantidad **recomendada** por un **médico** o **nutricionista**, estarás perfectamente bien. Estás en una dieta balanceada para tu una vida saludable.

Otro elemento importante de una dieta balanceada es consumir **carnes** en cantidad moderada. Consumir **pollo** y **pescado** es buena idea porque contienen poca **grasa**. La carne de **cerdo** y **res** son buenas, pero en cantidades **menores**. Entonces, debes consumir más pollo y pescado, y menos cerdo y res.

Así mismo, el ejercicio regular es muy bueno para **mantener** un cuerpo saludable. Para hacer ejercicio regular no se necesita estar **horas** y horas en el gimnasio. Ejercicio como **caminar, levantar pesas** por **treinta minutos**, o bien, practicar algún deporte como la **natación**, son formas adecuadas para mantener el cuerpo en forma.

Además, el ejercicio regular ayuda a **quemar** grasa y perder peso. Cuando se combina una buena nutrición con ejercicio regular, es **posible** alcanzar el peso **ideal** al igual que estar **sano**. Lo importante es mantener un buen **balance** entre la nutrición y el deporte.

Finalmente, el otro **elemento esencial** para una vida saludable es **dormir adecuadamente**. Cuando una persona duerme adecuadamente, su cuerpo se recupera del **desgaste diario**. Dormir **ocho** horas diarias es lo recomendado por los doctores. Cuando se duerme menos de ocho horas diarias, el cuerpo **sufre** de cambios negativos. Por eso es importante dormir la cantidad de horas recomendadas.

Todos estos **consejos** son útiles para vivir una vida saludable. Cuando se combinan estos consejos, es posible alcanzar el peso ideal, la figura deseada y el nivel de energía necesario para el trabajo diario. Si se mantiene una **actitud positiva**, todos estos elementos hacen de un cuerpo saludable.

Resumen de la historia

La combinación de una dieta balanceada y ejercicio regular es la mejor manera para lograr un cuerpo ideal y una vida saludable. Cuando una persona consume mucha azúcar y carbohidratos, al igual que comida procesada, puede subir de peso. Por eso es importante consumir azúcar y carbohidratos moderadamente. Así mismo, es esencial evitar muchas comidas procesadas.

Una buena nutrición basada en frutas y vegetales es ideal para mantener un buen peso. Así mismo, el ejercicio regular consiste en caminar, levantar pesas o practicar algún deporte como la natación. El ejercicio es importante para ayudar a bajar de peso y alcanzar la figura deseada. No se necesita hacer mucho ejercicio. Treinta minutos al día es un buen comienzo.

También es importante dormir la cantidad recomendada por los doctores. Usualmente, ocho horas es suficiente para sentirse bien y recuperarse de un día lleno de actividades. Si se duerme menos de ocho horas por mucho tiempo, el cuerpo puede empezar a tener problemas de salud. Con estos consejos, es posible alcanzar una vida saludable y estar en forma.

Summary of the Story

The combination of a balanced diet and regular exercise is the best way to achieve an ideal body and a healthy life. When a person consumes a lot of sugar and carbohydrates, such as in processed food, they can gain weight. That is why it is important to consume sugar and carbohydrates moderately. Likewise, it is essential to avoid many processed foods.

Good nutrition based on fruits and vegetables is ideal for maintaining a good weight. Also, a regular exercise consists of walking, lifting weights, or playing sports such as swimming. Exercise is important in losing weight and achieving one's desired figure. You do not need to exercise much. Thirty minutes a day is a good start.

It is also important to get the number of hours of sleep recommended by doctors. Usually, eight hours is enough to feel good and recover from a day full of activities. If you sleep less than eight hours for a long time, the body may begin to have health problems. With these tips, it is possible to achieve a healthy life and be fit.

Vocabulary

1. **vivir** — live
2. **vida** — lifetime
3. **saludable** — healthy
4. **a veces** — sometimes
5. **fácil** — easy
6. **saludablemente** — healthily
7. **decisiones** — decisions
8. **correctas** — correct
9. **alimentación** — feeding
10. **actividad física** — physical activity
11. **comprensión** — understanding
12. **manera** — way
13. **alcanzar** — reach
14. **perder** — to lose
15. **peso** — weight
16. **desean** — wish
17. **modelos** — models
18. **simplemente** — simply
19. **sentirse** — feel
20. **para ello** — for it
21. **dieta** — diet
22. **ejercicio regular** — regular exercise
23. **combinación** — combination
24. **lucir** — show off
25. **luego** — then
26. **estricta** — strict
27. **gimnasio** — fitness center
28. **prácticamente** — practically
29. **atletas** — athletes
30. **prepararse** — get prepared
31. **específico** — specific
32. **no importa** — no matter
33. **preparación** — preparation
34. **necesaria** — necessary
35. **competitivo** — competitive
36. **esfuerzo** — effort
37. **nutrición** — nutrition
38. **regular** — regular
39. **primeramente** — firstly
40. **comer** — eat
41. **frutas** — fruits
42. **vegetables** — vegetables
43. **procesadas** — processed
44. **azúcar** — sugar

45.	**químicos**	chemists
46.	**suban**	go up
47.	**difícil**	hard
48.	**al respecto**	about
49.	**evitar**	avoid
50.	**excesivamente**	excessively
51.	**guarda**	guard
52.	**con el tiempo**	over time
53.	**gana**	win
54.	**carbohidratos**	carbohydrates
55.	**debes**	you must
56.	**significa**	it means
57.	**cantidad**	quantity
58.	**moderada**	moderate
59.	**recomendada**	recommended
60.	**médico**	doctor
61.	**nutricionista**	nutritionist
62.	**carnes**	meats
63.	**pollo**	chicken
64.	**pescado**	fish
65.	**grasa**	grease
66.	**cerdo**	pork
67.	**res**	beef
68.	**menores**	minors
69.	**así mismo**	likewise
70.	**mantener**	keep
71.	**horas**	hours
72.	**caminar**	walk
73.	**levantar pesas**	weightlifting
74.	**treinta**	thirty
75.	**minutos**	minutes
76.	**natación**	swimming
77.	**quemar**	burn
78.	**posible**	possible
79.	**ideal**	ideal
80.	**sano**	healthy
81.	**balance**	balance
82.	**finalmente**	finally
83.	**elemento**	element
84.	**esencial**	essential
85.	**dormir**	sleep
86.	**adecuadamente**	adequately
87.	**desgaste**	wear
88.	**diario**	daily
89.	**ocho**	eight
90.	**sufre**	suffers
91.	**consejos**	tips

92. **actitud** attitude
93. **positiva** positive

Questions About the Story

1. ¿Cuáles son los elementos para una vida saludable?

    a. Una buena nutrición

    b. Muchas horas de ejercicio

    c. Mucha comida saludable

    d. Un poco de buena suerte

2. ¿Cuáles son las comidas que debes evitar?

    a. Comidas con vegetables

    b. Comidas procesadas

    c. Comidas con aceite

    d. Comidas con café

3. ¿Dónde puedes hacer ejercicio?

    a. En el trabajo

    b. En el aire

    c. En el gimnasio

    d. En el autobús

4. ¿Cuántas horas debes dormir?

    a. Cinco

    b. Seis

    c. Siete

    d. Ocho

5. ¿Qué pasa si no duermes bien?

    a. Tu cuerpo crece

b. Tu cuerpo vive

c. Tu cuerpo sufre

d. Tu cuerpo habla

Answers

1. A
2. B
3. C
4. D
5. C

Chapter Five

A New House — Una casa nueva

Hoy nos **estamos mudando** a una **casa** nueva. Esta casa es **increíble**. Es mucho **más grande** que mi casa **anterior**. Esta casa tiene **todo** lo que yo quiero. Es un sueño hecho realidad. Cada parte de la casa es **alucinante**. No **puedo** creer que voy a vivir **aquí**. Voy a **describir** lo increíble que es esta casa.

Primero, la casa tiene **cuatro habitaciones**. Cada habitación tiene su **propio cuarto** de **baño**. Es **genial** porque hay **privacidad** en cada habitación. Entonces, no hay necesidad de **molestar** a **nadie más**. Se puede hacer uso de cada baño, y **listo**. Las habitaciones son grandes. Hay **suficiente espacio** para una **cama tamaño** king. También tienen un **clóset** en cada uno. Con eso, es posible **guardar ropa**, **zapatos** y otros **artículos personales**. La habitación **principal** tiene un pequeño **balcón**.

Luego, la **sala familiar** está de lujo. Tiene un espacio para una **televisión** grande, **equipo de sonido** y una **consola de video juegos**. Lo mejor de todo es que hay espacio para **sillones** cómodos. Con un sillón de estos, se disfrutan las **películas** y **series de televisión**. También hay una **mesa de centro**. La mesa es ideal para poner cosas, o bien, colocar **tazas**, **platos** y cualquier otro tipo de **alimento**.

El **comedor** está **maravilloso**. La mesa es grande. Es para ocho personas. Es ideal para una **reunión** en familia, o con amigos. Las comidas familiares son muy cómodas con esta mesa. Las sillas son muy bonitas. Creo que es la mejor mesa de todo el mundo.

La **cocina** es **moderna**. Tiene todos los **aparatos** necesarios: una **estufa**, el **refrigerador**, el **fregadero**, un **lavavajillas**, un **horno**, una **cafetera** y un **microondas**. Todas estas comodidades son importantes para la cocina. Yo disfruto cocinar. Es por ello que la cocina me parece **genial**. Creo que mi **próximo proyecto culinario** será un **pastel**. A mi familia le encanta comer los pasteles que hago.

El **garaje** es muy amplio. Hay suficiente espacio para dos autos. No **podemos pedir** más. **Además,** hay un poco de espacio para guardar cosas como **cajas**, **botes** de pintura y **herramientas**. Esto es muy importante puesto que no hay mucho espacio para ese tipo de cosas **dentro** de la casa.

Así mismo, hay un pequeño **cuarto de estudio**. Este cuarto sirve para una **oficina**, o bien, un cuarto en donde los niños pueden **jugar** y hacer sus **tareas** de la escuela. Es ideal para este tipo de actividades. Es un espacio **independiente** que sirve para **concentración**.

Pero **quizá** el mejor lugar de la casa es el **patio trasero**. Este patio es **impresionante**. ¡Es tan grande! Tiene un **árbol** grande. Este árbol da **sombra** cuando hay mucho **sol**, y también da **frutas**. Es un árbol de **manzanas**. Este patio tiene suficiente espacio para una buena **fiesta**. Se puede hacer una **barbacoa** con amigos, **vecinos** y familiares. Lo mejor de todo es que hay espacio para **relajarse**, jugar un poco, o simplemente **descansar** bajo la sombra del árbol. El **césped** es tan suave que **parece** una **alfombra**.

Amo esta casa. Tiene todas las cosas que yo quiero. Es una casa grande, pero **sencilla**. No se tienen muchas cosas **complicadas** como luces **inteligentes** o **paneles solares**. Es una casa simple, como las de siempre. Me siento muy cómoda dentro de esta casa. Creo que podemos vivir en esta casa por muchos años. Hasta el momento, no **encuentro** algo **malo** con esta casa. Todo **me parece** genial.

Y tú, ¿cómo es tu casa? ¿Es grande o es pequeña? ¿**Cuántas** habitaciones tiene? O, ¿vives en un **departamento** en un **edificio**? Los departamentos también son muy **bonitos**. Aunque son más pequeños que una casa, pero no importa. Si tiene todo lo que quieres, entonces, está genial.

Resumen de la historia

Nos estamos mudando a una nueva casa. Esta casa es genial porque tiene todas las cosas que quiero en una casa. Tiene habitaciones grandes, una cocina moderna, una sala familiar genial y un comedor muy cómodo. Creo que esta es la mejor casa del mundo.

Hay cuatro habitaciones. Cada habitación es grande y tiene su propio cuarto de baño. Esto es importante ya que no se molesta a las demás personas. El clóset es perfecto para todas las cosas personales.

Luego, la cocina es moderna. Todos los aparatos son necesarios para cocinar comida deliciosa. Así mismo, el comedor tiene una mesa grande. Esta mesa es ideal para una comida en familia o una reunión con amigos y familia.

La sala familia es genial porque hay espacio para una televisión grande y espacio para sillones cómodos. Creo que esta es una sala familiar impresionante. El garaje es amplio. Hay suficiente espacio para dos autos. También hay espacio para guardar cosas.

Pero, el mejor lugar de todos es el patio trasero. Es muy grande. Es ideal para hacer una barbacoa y pasar tiempo con vecinos, amigos y familia. También hay un árbol grande. Este árbol es perfecto para descansar bajo su sombra.

Summary of the Story

We are moving to a new house. This house is great because it has all the things I want in a house. It has large rooms, a modern kitchen, a great family room, and a very comfortable dining room. I think this is the best house in the world.

There are four rooms. Each room is large and has its own bathroom. This is important since it does not bother other people. The closet is perfect for all personal things.

Then the kitchen is modern. All appliances are necessary to cook delicious food. Also, the dining room has a large table. This table is ideal for a family meal or a meeting with friends and family.

The family room is great because there is room for a large television and space for comfortable chairs. I think this is an impressive family room. The garage is spacious. There is enough space for two cars. There is also space to store things.

But, the best place of all is the backyard. It is very large. It is ideal for making a barbecue and spending time with neighbors, friends, and family. There is also a big tree. This tree is perfect for resting under its shade.

Vocabulary

1. **estamos** — we're
2. **mudando** — moving
3. **casa** — home
4. **increíble** — incredible
5. **más** — plus
6. **grande** — big
7. **anterior** — previous
8. **todo** — all
9. **alucinante** — incredible
10. **puedo** — I can
11. **aquí** — here
12. **describir** — describe
13. **primero** — first
14. **cuatro** — four
15. **habitaciones** — bedrooms
16. **propio** — own
17. **cuarto** — quarter
18. **baño** — bathroom
19. **genial** — cool
20. **privacidad** — privacy
21. **molestar** — bother
22. **nadie más** — nobody else
23. **listo** — ready
24. **suficiente** — enough
25. **espacio** — space
26. **cama** — bed
27. **tamaño** — size
28. **clóset** — closet
29. **guardar** — save
30. **ropa** — clothing
31. **zapatos** — shoes
32. **artículos** — articles
33. **personales** — personal
34. **principal** — principal
35. **balcón** — balcony
36. **sala familiar** — family room
37. **televisión** — TV
38. **equipo de sonido** — stereo
39. **consola de video juegos** — video game console
40. **sillones** — armchairs
41. **películas** — films
42. **series de televisión** — TV series
43. **mesa de centro** — center table

44.	**tazas**	cups
45.	**platos**	dishes
46.	**alimento**	food
47.	**comedor**	dining room
48.	**maravilloso**	wonderful
49.	**reunión**	meeting
50.	**cocina**	kitchen
51.	**moderna**	modern
52.	**aparatos**	gadgets
53.	**estufa**	stove
54.	**refrigerador**	fridge
55.	**fregadero**	sink
56.	**lavavajillas**	dishwasher
57.	**horno**	oven
58.	**cafetera**	coffee maker
59.	**microondas**	microwave oven
60.	**genial**	cool
61.	**próximo**	next
62.	**proyecto**	draft
63.	**culinario**	culinary
64.	**pastel**	cake
65.	**garaje**	garage
66.	**podemos**	we can
67.	**pedir**	ask
68.	**además**	further
69.	**cajas**	boxes
70.	**botes**	boats
71.	**herramientas**	tools
72.	**dentro**	inside
73.	**así mismo**	likewise
74.	**cuarto de estudio**	studying room
75.	**oficina**	office
76.	**jugar**	to play
77.	**tareas**	chores
78.	**independiente**	independent
79.	**concentración**	concentration
80.	**quizá**	maybe
81.	**patio trasero**	backyard
82.	**impresionante**	awesome
83.	**árbol**	tree
84.	**sombra**	shadow
85.	**sol**	sun
86.	**frutas**	fruits
87.	**manzanas**	apples
88.	**fiesta**	party

89.	**barbacoa**	barbecue
90.	**vecinos**	neighbors
91.	**relajarse**	relax
92.	**descansar**	rest
93.	**césped**	grass
94.	**parece**	it seems
95.	**alfombra**	carpet
96.	**amo**	love
97.	**sencilla**	simple
98.	**complicadas**	complicated
99.	**inteligentes**	smart
100.	**paneles solares**	solar panels
101.	**encuentro**	meeting
102.	**malo**	bad
103.	**me parece**	it seems to me
104.	**cuántas**	how many
105.	**departamento**	apartment
106.	**edificio**	building
107.	**bonitos**	pretty

Questions About the Story

1. ¿Cómo son las habitaciones?

    a. Grandes y extrañas

    b. Grandes y terribles

    c. Grandes y cómodas

    d. Grandes y divertidas

2. ¿Cuántas habitaciones tiene la casa?

    a. Tres

    b. Cuatro

    c. Cinco

    d. Seis

3. ¿Qué hay en la sala familiar?

    a. Televisión, sillón y mesa de centro

    b. Mesa de centro, estufa y fregadero

    c. Televisión y equipo de trabajo

    d. Equipo de sonido y microondas

4. ¿Cómo es la cocina?

    a. Moderna

    b. Interesante

    c. Divertida

    d. Curiosamente

5. ¿Cuál es la mejor parte de la casa?

    a. La barbacoa

b. Los vecinos

c. La comida

d. El patio trasero

Answers

1. C
2. B
3. A
4. A
5. D

Chapter Six

Learning a New Language — Aprender un nuevo idioma

Los **idiomas** son **fascinantes**. Un idioma es una **puerta** para un **mundo** nuevo, **lleno** de nuevas **ideas, conocimientos** e **información**. **Muchas veces**, una persona no se **imagina** la **cantidad** de cosas nuevas que puede **conocer cuando** aprende un nuevo.

Pero, el **proceso** de aprender un idioma nuevo no es fácil. **De hecho**, aprender un idioma nuevo **requiere** de **esfuerzo** y **constancia**. Todos los idiomas tienen un **grado** de **dificultad**. Por eso es necesario **dedicar** tiempo y trabajo para **desarrollar** una nueva **habilidad** en un idioma nuevo.

El idioma que más personas **estudian** en el mundo es el **inglés**. El inglés es prácticamente el idioma **universal**. Si **varias** personas de diferentes países del mundo se **reúnen**, es muy **probable** que el idioma de **comunicación** es el inglés. En definitiva, muchas personas se esfuerzan por aprender este idioma.

Pero, el español también es un idioma importante en el mundo. Existen **millones** de personas que hablan el español como **lengua nativa**. También existen millones de personas que lo hablan como **segundo** o **tercer** idioma. Esto hace del español un idioma muy **popular** en el mundo.

Pero, ¿qué puede **hacer** una persona para **mejorar** sus habilidades en idioma español?

Hay muchas **cosas** que una persona puede hacer para mejorar su **nivel** de español.

Lo **primero** que se puede hacer para mejorar el español es **practicar**. **Suena** fácil, pero a veces no **hay** con **quien** practicar. Por eso, es importante hacer amigos que hablan español. Con amigos **hispanoparlantes**, es fácil poner en práctica los **conocimientos** que tienes sobre este **lindo** idioma. Además, practicar con amigos **hispanos** es una buena **actividad** ya que los hispanos son personas muy **cordiales** y amables.

Otra de las actividades que se puede **realizar** es **escuchar música**. Al escuchar música en español, se puede practicar **vocabulario** y **gramática**. La música hispana tiene diferentes **géneros** y **ritmos**. Es por ello que se puede utilizar para practicar todo **tipo** de vocabulario. Cuando se escucha una **canción**, es buena idea **anotar** palabras nuevas en un **cuaderno**. Así, es fácil **recordar** las nuevas **palabras** y **frases contenidas** en las canciones.

Una de las mejores actividades para practicar español es con las **telenovelas**. Las telenovelas son **dramas** en donde se desarrolla una **historia** sobre los **personajes principales**. Las novelas, **por lo regular**, son **dramáticas**. Pero también hay novelas **cómicas** y algunas históricas. Lo mejor de todo es que no usan vocabulario **complicado** ni lenguaje muy **avanzado**. Esto facilita practicar el español.

Finalmente, uno de los ejercicios más efectivos para mejorar el nivel de español es **viajar**. Claro, viajar requiere dinero. Pero cuando es posible, viajar a un país de habla hispana es ideal para practicar el español. Cada país de **América Latina** tiene su **propia** forma de **hablar** el español. Entonces dependiendo del país, así es el **acento** y algunos de los **modismos**. Pero, en definitiva, **vale la pena** viajar y conocer más acerca de la **cultura** y de la **riqueza** de cada país.

Viajar es no sólo **divertido**, sino que es una experiencia única y **enriquecedora**. Entre más se viaja, mejor se comprende la cultura, el idioma y las **costumbres**. No se puede perder la **oportunidad** de viajar y practicar el español en los países donde se habla.

En conclusión, existen muchas actividades para mejorar el nivel de español. Pero definitivamente, la mejor manera de mejorar el nivel de español es viajando a cualquier de los **impresionantes** países de América Latina. Esta es una experiencia que **jamás** se **olvidará**. Vale la pena **aprovechar** la oportunidad para conocer más de cerca las **maravillas** de cada país hispano.

Resumen de la historia

El idioma español es uno de los idiomas más populares en el mundo. Hay millones de personas que hablan el español como idioma nativo en el mundo. También hay millones más que lo hablan como segundo o tercer idioma.

Aprender un nuevo idioma no es fácil. Es una actividad que requiere de tiempo y esfuerzo. Muchas veces, requiere de mucho tiempo. Pero con estos consejos, aprender español es más fácil y divertido.

Primero, practicar con amigos hispanoparlantes es una buena idea. Practicar con personas nativas de un idioma es lo mejor para mejorar el nivel. Escuchar música en español es otro de los mejores ejercicios que se puede practicar. La música es una buena manera de aprender nuevo vocabulario.

Luego, las telenovelas también son un buen ejercicio. Con este tipo de programas de televisión, se puede practicar el español de una manera efectiva. Pero la mejor manera de mejorar el nivel de español es viajando a alguno de los países de América Latina. En definitiva, viajar es una de las mejores experiencias en la vida. Dependiendo del país que se visite, se puede aprender mucho acerca de las costumbres y cultura de ese país.

Summary of the Story

The Spanish language is one of the most popular languages in the world. There are millions of people who speak Spanish as a native language. There are also millions more who speak it as a second or third language.

Learning a new language is not easy. It is an activity that requires time and effort. Many times, it takes a lot of time. But with these tips, learning Spanish is easier and more fun.

First, practicing with Spanish-speaking friends is a good idea. Practicing with native people of a language is the best way to improve the level in that language. Listening to music in Spanish is also one of the best exercises that can be practiced. Music is a good way to learn new vocabulary.

Then, watching soap operas is also good exercise. With this type of television program, you can practice Spanish in an effective way. But the best way to improve the level of Spanish is to travel to one of the Latin American countries. In short, traveling is one of the best experiences in life. Depending on the country you visit, you can learn a lot about the customs and culture of that country.

Vocabulary

1. **idiomas** — languages
2. **fascinantes** — fascinating
3. **puerta** — door
4. **mundo** — world
5. **lleno** — full
6. **ideas** — ideas
7. **conocimientos** — knowledge
8. **información** — information
9. **muchas veces** — many times
10. **imagina** — imagine
11. **cantidad** — quantity
12. **conocer** — know
13. **cuando** — when
14. **proceso** — process
15. **de hecho** — in fact
16. **requiere** — requires
17. **esfuerzo** — effort
18. **constancia** — constancy
19. **grado** — grade
20. **dificultad** — difficulty
21. **dedicar** — to dedicate
22. **desarrollar** — develop
23. **habilidad** — ability
24. **estudian** — they study
25. **inglés** — English
26. **universal** — universal
27. **varias** — several
28. **reúnen** — gather
29. **probable** — probable
30. **comunicación** — communication
31. **millones** — millions
32. **lengua nativa** — native language
33. **segundo** — second
34. **tercer** — third
35. **popular** — popular
36. **hacer** — do
37. **mejorar** — to get better
38. **cosas** — things
39. **nivel** — level
40. **primero** — first
41. **practicar** — to practice
42. **suena** — it sounds
43. **hay** — there are
44. **quien** — who

45.	**hispanoparlantes**	Spanish speakers
46.	**conocimientos**	knowledge
47.	**lindo**	cute
48.	**hispanos**	Hispanic
49.	**actividad**	activity
50.	**cordiales**	cordial
51.	**realizar**	perform
52.	**escuchar**	hear
53.	**música**	music
54.	**vocabulario**	vocabulary
55.	**gramática**	grammar
56.	**géneros**	genders
57.	**ritmos**	rhythms
58.	**tipo**	kind
59.	**canción**	song
60.	**anotar**	annotate
61.	**cuaderno**	notebook
62.	**recordar**	remember
63.	**palabras**	words
64.	**frases**	phrases
65.	**contenidas**	contained
66.	**telenovelas**	tv soaps
67.	**dramas**	dramas
68.	**historia**	history
69.	**personajes**	characters
70.	**principales**	main
71.	**por lo regular**	normally
72.	**dramáticas**	dramatic
73.	**cómicas**	comics
74.	**complicado**	complicated
75.	**avanzado**	advanced
76.	**viajar**	travel
77.	**américa latina**	Latin America
78.	**propia**	own
79.	**hablar**	talk
80.	**acento**	accent
81.	**modismos**	idioms
82.	**vale la pena**	worth it
83.	**cultura**	culture
84.	**riqueza**	wealth
85.	**divertido**	funny
86.	**enriquecedora**	enriching
87.	**costumbres**	custom
88.	**oportunidad**	opportunity
89.	**en conclusión**	in conclusion
90.	**impresionantes**	awesome
91.	**jamás**	never

92. **olvidará**   will forget
93. **aprovechar**   to take advantage of

94. **maravillas**   wonders

Questions About the Story

1. ¿Cuántas personas hablan el español?

    a. Miles de personas

    b. Cientos de personas

    c. Millones de personas

    d. Billones de personas

2. ¿Qué se necesita para aprender un nuevo idioma?

    a. Esfuerzo

    b. Suerte

    c. Dinero

    d. Habilidad

3. ¿Cuál es un buen ejercicio para practicar español?

    a. Ir de viaje

    b. Participar en clase

    c. Escuchar música

    d. Nuevo vocabulario

4. ¿Qué es una telenovela?

    a. Un nuevo libro

    b. Una estación

    c. Una nueva idea

    d. Un programa de televisión

5. ¿Qué puedes aprender de un nuevo país?

    a. Nuevas ideas

b. Nuevos conceptos

c. Sus trabajos

d. Su cultura

Answers

1. C
2. A
3. C
4. D
5. D

Chapter Seven

Pets Are the Ideal Company — Las mascotas son la compañía ideal

Una **mascota** es mucho más que un **animalito** de **compañía**. Una mascota es un amigo **incondicional**. Dependiendo del **tipo** de mascota, la **relación** que una persona tiene con su mascota **cambia**. Por ejemplo, si tienes un **perro**, tu relación con tu perro **será** muy diferente en **comparación** con un **gato**. Pero lo que sí es **cierto**, es que todas las mascotas son la compañía **ideal**.

Los perros son mascotas muy populares. Muchas familias tienen un perro en su **hogar**. Los perros son **altamente** inteligentes, **leales** y **serviciales**. Son animalitos que siempre están al **pendiente** de su **amo**. También son una **excelente** compañía para personas que **viven solas**. Los perros son de **gran utilidad** para personas **no videntes**. Este tipo de perro no es una mascota, sino que es una **guía**.

Los gatos también son mascotas muy populares. Los gatos son animalitos muy **independientes** que **necesitan** su **propio** espacio. Los gatos son tan inteligentes como los perros. Son muy **sensibles** y son una buena compañía en cualquier **momento**. Aunque los gatos no son tan **cariñosos** como los perros. Son animalitos leales que siempre buscan a su amo.

Pero, las mascotas no se **limitan** a los perros y gatos. Existen una diversidad de animalitos que las personas tienen como mascotas. Algunos animalitos, como las **aves**, son mascotas más **tradicionales**. Pero, hay otro tipo de animales, como las **serpientes** y **arañas**, que **algunas** personas tienen como mascotas. Este tipo de mascotas se les conoce como "**mascotas exóticas**".

Si te gustan las mascotas exóticas, entonces aquí hay algunas **sugerencias**.

Si eres **amante** de los **reptiles**, las serpientes son una de las mascotas más populares. Las serpientes no son animales con las cuales se puede jugar. Este tipo de animal se debe mantener en una **jaula**, especialmente si es **venenosa**. Otros tipos de reptiles incluye la **iguana**, la **tortuga** y la **lagartija**.

Luego, las arañas son otro tipo de mascota exótica. Las arañas no se pueden dejar **libres**. Al igual que las serpientes, las arañas se deben guardar en una jaula. Las **tarántulas** son de las mascotas más exóticas.

Además, los **ratones** también son mascotas exóticas. Los **ratones blancos** son relativamente populares entre muchas personas. Pero no son tan comunes como los perros o los gatos. Otros tipos de **roedores** como los **conejillos de india** y los **hámstere**s son animalitos bastante **comunes**.

Hay otras personas que son amantes de los **peces tropicales**. Estos peces son muy **delicados** y necesitan de mucho cuidado. Son muy **caros** y requieren de mucha **atención**. Las personas que tienen peces tropicales **a menudo gastan** mucho dinero en el cuidado de estas mascotas.

En general, el cuidado de una mascota requiere alimentación y un lugar donde dormir. Hay animales que necesitan una **jaula de metal**, o de **vidrio** para vivir. Los animales que requieren de **agua**, como los peces, tortugas y ranas, también necesitan de un espacio especial para vivir.

Cuando una mascota está **enferma**, también es necesario darle atención. Para ello, se lleva con un **veterinario**. Un veterinario es un doctor de animales. Este doctor se **especializa** en cuidar todo tipo de animales, como **vacas**, **caballos**, **pollos** y **cerdos**. Pero hay veterinarios especializados en mascotas.

Si tienes una mascota, **seguramente** entiendes lo especiales que son. Las mascotas son la mejor compañía en la vida. Si no tienes una mascota, puedes investigar los diferentes tipos de mascotas que hay en el mundo. Es seguro que encontrarás un animalito para ti. Es seguro que pronto será tu mejor amigo. Pronto verás que las mascotas son la compañía ideal.

Resumen de la historia

Las mascotas son mucho más que un simple animal de compañía. Las mascotas sirven de compañía, pero también son amigos y hasta guías para personas no videntes. En definitiva, una mascota es una buena compañía para una persona o una familia.

Existen todo tipo de mascotas. Las más comunes son los perros y los gatos. Pero también existen una gran variedad de animalitos que son mascotas. Las mascotas poco comunes se les conoce como "mascotas exóticas". Algunos ejemplos de mascotas exóticas son las serpientes, las arañas y los peces tropicales. Otro tipo de mascotas exóticas son las tortugas y los ratones.

Las mascotas requieren de atención y cuidado. Es importante darles su comida al igual que darles un lugar donde dormir. En algunos casos, se necesita una jaula de metal o de vidrio. En otros casos, se necesita agua para los animalitos. Por ejemplo, los peces tropicales necesitan mucha agua.

Cuando una mascota se enferma, se le debe dar atención. El doctor especializado en mascotas es el veterinario. Este tipo de doctor está entrenado para atender todo tipo de animales. Pero, los veterinarios especializados en mascotas son muy importantes. Estos doctores le dan el cuidado necesario a una mascota enferma.

Summary of the Story

Pets are much more than just a company. Pets serve as companions, but they are also friends and even guides for visually impaired people. In short, a pet is a good company for a person or a family.

There are all kinds of pets. The most common pets are dogs and cats. But there are also a variety of animals that are pets. Uncommon pets are known as "exotic pets." Some examples of exotic pets are snakes, spiders, and tropical fish. Other types of exotic pets are turtles and mice.

Pets require attention and care. It is important to give them their food, as well as a place to sleep. In some cases, a metal or glass cage is needed. In other cases, water is needed for the animals. For example, tropical fish need a lot of water.

When a pet gets sick, it should be given attention. The doctor who specializes in pets is a veterinarian. This type of doctor is trained to deal with all kinds of animals. But, veterinarians specializing in pets are very important. These doctors give the necessary care to a sick pet.

Vocabulary

1. **mascota** — pet
2. **animalito** — little animal
3. **compañía** — company
4. **incondicional** — unconditional
5. **tipo** — kind
6. **relación** — relationship
7. **cambia** — change
8. **perro** — dog
9. **será** — will be
10. **comparación** — comparison
11. **gato** — cat
12. **cierto** — true
13. **ideal** — ideal
14. **hogar** — home
15. **altamente** — highly
16. **leales** — loyal
17. **serviciales** — helpful
18. **pendiente** — pending
19. **amo** — love
20. **excelente** — excellent
21. **viven** — they live
22. **solas** — alone
23. **gran** — great
24. **utilidad** — utility
25. **no videntes** — not seeing
26. **guía** — guide
27. **independientes** — independent
28. **necesitan** — they need
29. **propio** — own
30. **sensibles** — sensitive
31. **momento** — moment
32. **cariñosos** — affectionate
33. **limitan** — limit
34. **aves** — birds
35. **tradicionales** — traditional
36. **serpientes** — snakes
37. **arañas** — spiders
38. **algunas** — some
39. **mascotas exóticas** — exotic pets
40. **sugerencias** — suggestions
41. **amante** — lover
42. **reptiles** — reptiles
43. **jaula** — cage
44. **venenosa** — poisonous

45. **iguana** — iguana
46. **tortuga** — turtle
47. **lagartija** — lizard
48. **libres** — free
49. **tarántulas** — tarantulas
50. **ratones** — mice
51. **ratones blancos** — white mice
52. **roedores** — rodents
53. **conejillos de india** — guinea pigs
54. **hámsteres** — hamsters
55. **comunes** — common
56. **peces tropicales** — tropical fish
57. **delicados** — delicate
58. **caros** — expensive
59. **atención** — attention
60. **a menudo** — often
61. **gastan** — they spend
62. **jaula de metal** — metal cage
63. **vidrio** — glass
64. **agua** — water
65. **enferma** — sick
66. **veterinario** — vet
67. **especializa** — specialize
68. **vacas** — cows
69. **caballos** — horses
70. **pollos** — chickens
71. **cerdos** — pigs
72. **seguramente** — surely

Questions About the Story

1. ¿Cuáles son las mascotas más comunes?

    a. Perros y lobos

    b. Perros y gatos

    c. Perros y peces

    d. Perros y animales

2. ¿Cómo son los perros?

    a. Son rápidos

    b. Son interesantes

    c. Son leales

    d. Son nuevos

3. ¿Cómo son los gatos?

    a. Son independientes

    b. Son interesantes

    c. Son difíciles

    d. Son artículos

4. ¿Qué son las mascotas exóticas?

    a. Son mascotas nuevas

    b. Son mascotas interesantes

    c. Son mascotas divertidas

    d. Son mascotas poco comunes

5. ¿Cuáles son las mascotas exóticas?

    a. Las aves

b. Los cerdos

c. Las arañas

d. Las vacas

Answers

1. B
2. C
3. A
4. D
5. C

Chapter Eight

Going Shopping on the Weekend — Salir de compras en el fin de semana

Una de mis actividades **favoritas** es **salir de compras** los fines de semana con mis amigas. Mi lugar **preferido** para ir de compras es el **centro comercial**. Hay un centro comercial **enorme cerca** de mi casa. **Ahí**, se encuentra todo tipo de **tiendas**; desde **ropa** y **zapatos** hasta autos nuevos. Definitivamente tiene de todo.

Mis amigas y yo **disfrutamos** ir de compras **especialmente** cuando hay **ofertas** especiales. Cuando hay ofertas, se puede conseguir buenos **artículos** a buen **precio**. También hay cosas muy **bonitas** a precio **regular**, pero **cuesta** más dinero comprar las cosas. **Para mí**, es muy divertido comprar todas las cosas que me **gustan**. Por ejemplo, compro ropa, zapatos, **joyas, relojes, gafas para sol** y **perfumes**. Encuentro de todo esto en el centro comercial.

Es divertido comprar todo este tipo de cosas. **Sin embargo**, todo eso cuesta dinero. Entonces, **necesito** dinero para comprar todas estas cosas que me gustan. Primeramente, puedo **utilizar** mi **tarjeta de crédito**. Con mi tarjeta de crédito, puedo pagar las cosas que quiero comprar. Pero, debo pagar el **balance** de la tarjeta al **final del mes. De lo contrario**, tengo que pagar **intereses**. Además, puedo tener **problemas** por el **retraso** en el pago de la tarjeta.

La otra forma de pagar mis compras es con **dinero en efectivo**. Esta es la forma más **segura** puesto que **uso** mi dinero y listo. No tengo **deuda** en mi tarjeta de crédito. Pagar con dinero en efectivo es mejor que pagar con un **cheque**. No todas las tiendas aceptan cheques. Entonces, es mucho más seguro usar efectivo, o bien, mi tarjeta de crédito.

Para tener dinero, necesito **ganarlo**. Hay muchas formas de ganarse el dinero. Se puede tener un **empleo** en donde se recibe un **salario**, un **negocio** en donde se **obtienen ingresos**, o se puede ganar el dinero en la **lotería**. Todos soñamos con ganar la lotería, aunque esto no es algo **realista**. Son muy **afortunados** los que tienen la suerte de ganarse la lotería.

En mi caso, yo trabajo. Tengo un empleo en una **oficina**. En este empleo, trabajo de **lunes** a **viernes**. Tengo un salario **mensual** que recibo **quincenalmente**. Mi **sueldo** no es muy alto, pero tampoco es muy bajo. Me **alcanza** para todos mis gastos. Luego, **ahorro** un poco de dinero, y el resto lo puedo usar para comprar las cosas que tanto me gustan.

Este mes, hay muchas ofertas. Se viene el cambio de **temporada**. Cuando hay cambio de temporada, las tiendas bajan sus precios para todas **aquellas mercancías** que están **fuera de moda**. Es una buena oportunidad para **conseguir** cosas muy bonitas a un precio **fantástico**. Además, el dinero que tengo me alcanza para comprar más cosas.

Estoy pensando en comprarme un nuevo **sombrero** para la **playa**. Me gusta mucho ir a la playa, pero quiero un sombrero nuevo. Seguramente **encontraré** uno que me guste. Ya tengo mis gafas de sol y el atuendo que **usaré**. Solo me hace falta un lindo sombrero.

Mis amigas también están emocionadas con las ofertas. Ellas tienen gustos **similares** a los **míos**. Entonces, creo que nos divertiremos mucho en el centro comercial. Creo que será un fin de semana increíble. Lo único malo del fin de semana es que se **termina**... el lunes debo **volver** a mi trabajo. Pero no importa. Soy muy **feliz** porque tengo un buen empleo.

Me siento muy **afortunada** de tener un buen empleo ya que hay muchas personas **desempleadas**. Una persona desempleada es aquella que no tiene un empleo. Entonces, está en **búsqueda** de una oportunidad **laboral**. Estas personas tienen muchos problemas **económicos**. Es por ello que me siento muy afortunada de **contar** con un buen empleo **todos los días**.

<u>Resumen de la historia</u>

Me gusta ir de compras los fines de semana en el centro comercial. Compro ropa, zapatos, joyas, gafas de sol, relojes y perfumes. Es muy divertido ir al centro comercial cuando hay ofertas de todo tipo, especialmente en el cambio de temporada.

Para pagar las cosas que me gustan, puedo utilizar mi tarjeta de crédito. También puedo pagar mis compras con dinero en efectivo. El dinero en efectivo es más seguro que pagar con cheque. Además, debo pagar mi tarjeta de crédito cada mes. De lo contrario, puedo tener muchos problemas por no pagar a tiempo.

Tengo un empleo con el cual gano un sueldo. Este sueldo me sirve para cubrir mis gastos y comprar las cosas que me gustan. También ahorro una parte de mi sueldo. Así, puedo ir de compras los fines de semana tranquilamente.

Este fin de semana hay muchas ofertas en el centro comercial por el cambio de temporada. En esta época, las tiendas bajan el precio a los productos que ya no están de moda. En este caso, es posible obtener bonitas mercancías a buen precio. Entonces, mi dinero me alcanza para comprar más cosas de las que me gustan.

Summary of the Story

I like shopping on weekends at the mall. I buy clothes, shoes, jewelry, sunglasses, watches, and perfumes. It is very fun to go to the mall when there are offers of all kinds, especially at the end of the season.

To pay for the things I like, I can use my credit card. I can also pay for my purchases with cash. Cash is safer than paying by check. In addition, I must pay my credit card every month. Otherwise, I may have many problems for not paying on time.

I have a job with which I earn a salary. This salary helps me cover my expenses and buy the things I like. I also save a part of my salary. So, I can go shopping on weekends confidently.

This weekend, there are many offers in the mall due to the end of the season. At this time, stores lower the price for products that are no longer in fashion. In this case, it is possible to obtain beautiful goods at a good price. Then, my money is enough to buy more of the things that I like.

Vocabulary

1. **favoritas** — favorites
2. **salir de compras** — shopping
3. **preferido** — favorite
4. **centro comercial** — Mall
5. **enorme** — huge
6. **cerca** — near
7. **Ahí** — There
8. **tiendas** — stores
9. **ropa** — clothing
10. **zapatos** — shoes
11. **disfrutamos** — We enjoy
12. **especialmente** — especially
13. **ofertas** — offers
14. **artículos** — articles
15. **precio** — price
16. **bonitas** — pretty
17. **regular** — regular
18. **cuesta** — cost
19. **Para m** — For m
20. **gustan** — like
21. **joyas** — jewelry
22. **relojes** — clocks
23. **gafas para sol** — Sunglasses
24. **perfumes** — perfumes
25. **Sin embargo** — But nevertheless
26. **necesito** — I need
27. **utilizar** — use
28. **tarjeta de crédito** — credit card
29. **balance** — balance
30. **final del mes** — end of the month
31. **De lo contrario** — On the contrary
32. **intereses** — interests
33. **problemas** — problems
34. **retraso** — delay
35. **dinero en efectivo** — cash
36. **segura** — safe
37. **uso** — use
38. **deuda** — debt
39. **cheque** — check
40. **ganarlo** — earn it
41. **empleo** — job
42. **salario** — salary
43. **negocio** — deal
44. **obtienen** — they get

45.	**ingresos**	income
46.	**lotería**	lottery
47.	**realista**	realistic
48.	**afortunados**	lucky ones
49.	**En mi caso**	In my case
50.	**oficina**	office
51.	**lunes**	Monday
52.	**viernes**	Friday
53.	**mensual**	monthly
54.	**quincenalmente**	fortnightly
55.	**sueldo**	salary
56.	**alcanza**	achieves
57.	**ahorro**	saving
58.	**temporada**	season
59.	**aquellas**	those
60.	**mercancías**	goods
61.	**fuera de moda**	out of style
62.	**conseguir**	get
63.	**fantástico**	fantastic
64.	**sombrero**	hat
65.	**playa**	Beach
66.	**encontraré**	I'll find
67.	**usaré**	will wear
68.	**similares**	Similar
69.	**míos**	mine
70.	**termina**	ends
71.	**volver**	return
72.	**feliz**	happy
73.	**Me siento**	I feel
74.	**afortunada**	lucky
75.	**desempleadas**	unemployed
76.	**búsqueda**	search
77.	**laboral**	labor
78.	**económicos**	cheap
79.	**contar**	tell
80.	**todos los días**	everyday

Questions About the Story

1. ¿Qué compro cuando voy de compras?

    a. Comida

    b. Ropa

    c. Autos

    d. Cheques

2. ¿Cómo pagos las cosas que compro?

    a. Con una tarjeta de crédito

    b. Con una tarjeta de cheque

    c. Con una tarjeta de negocios

    d. Con una tarjeta de presentación

3. ¿Cuándo debo pagar mi tarjeta de crédito?

    a. Al final de la semana

    b. Al final del día

    c. Al final del domingo

    d. Al final del mes

4. ¿Cómo gano dinero?

    a. En la lotería

    b. Con suerte

    c. Dentro de mi casa

    d. Con mi empleo

5. ¿Cuándo hay ofertas en el centro comercial?

    a. Hoy y mañana

b. La próxima semana

c. Pronto hay ofertas

d. Este fin de semana

Answers

1. B
2. A
3. D
4. D
5. D

Chapter Nine

Everyone's Job Is Important — El trabajo de todos es importante

En nuestra **comunidad**, el **trabajo** de todos es importante. Todas las personas **hacen** un trabajo **significativo**. **Sin** su trabajo, nuestra comunidad no **podría funcionar adecuadamente**. Esto hace de cada trabajo, un trabajo esencial para el **bienestar** de la comunidad.

Hay **algunos** trabajos que son **vitales** para nuestra comunidad. Por ejemplo, la **policía**, **bomberos** y **paramédicos** son trabajos **imprescindibles**. Sin estos trabajos, nuestra comunidad no tendría personas para responder en caso de una **emergencia**. Es por ello que estas personas son **verdaderos héroes** en **nuestra** comunidad.

Otros empleos importantes son los **maestros**. Ellos **preparan** a los **niños** hoy, para ser **líderes mañana**. Los niños son **valiosos** para la comunidad y nuestro país. Por eso, **debemos cuidar** de ellos. Debemos cuidar también de los maestros que les **enseñan** cosas **útiles** y **positivas**.

Luego, **existe** otro tipo de **empleos** que son **igualmente** de importantes. Estos empleos se **encargan** de **asegurar** del buen **funcionamiento** de nuestra ciudad. Estos son **trabajadores públicos**. Ellos se aseguran de limpiar la ciudad.

También se **aseguran** de **mantener** los servicios básicos funcionando tales como el **agua**, la **electricidad** y la **recolección** de **basura**. Su trabajo es tan importante como **cualquier** otro.

Otro tipo de empleos en nuestra ciudad son los trabajos **profesionales**. Estos empleos incluyen a los **ingenieros, abogados, arquitectos, contadores** y **gerentes**. Todos ellos ofrecen sus **conocimientos** para el desarrollo de nuestra comunidad y nuestro **país**. Ellos deben estudiar muchos años en la **universidad** para alcanzar el conocimiento que necesitan en su empleo.

Un trabajo profesional de **alta importancia** es ser **doctor**. Los doctores, o médicos, son personas que atienden a aquellos que están **enfermos** o **heridos**. **Regularmente**, trabajan en un **hospital** o en una **clínica**. Los médicos, junto con las **enfermeras**, son personas muy **nobles** que siempre están al servicio de las personas que los necesitan. Es por ello que los médicos y las enfermeras trabajan juntos para **brindar** la atención que una persona necesita en caso de una emergencia.

Otro de los trabajos que son altamente importantes para nuestra comunidad son los **agricultores**. Los agricultores, o **granjeros**, son aquellos que se encargan de producir los alimentos que **comemos** diariamente. Sin su trabajo, no **tendríamos** alimentos. Por lo tanto, su trabajo es tan importante como el de cualquier otra persona. Los granjeros producen **frutas** y **vegetales** al igual que

crían los animales que consumimos. Entonces, el trabajo del agricultor es **fundamental** para el bienestar de nuestra comunidad.

Y tú, ¿**cuál** es tu trabajo?

Seguramente tu trabajo es tan importante como el de **cualquier** otra persona. Sin tu trabajo, tu comunidad no puede vivir bien. No importa cual es tu trabajo. Lo que importa es que tu trabajo es tan importante como cualquier otro. **Por lo tanto**, debes hacerlo lo mejor posible. Si haces tu trabajo con una actitud positiva, los resultados también serán positivos. Tendrás **buenos resultados** en tu empleo. Tu comunidad estará **agradecida** con tu **esfuerzo**.

En cuanto a mi empleo, yo soy un **mecánico**. Yo trabajo **arreglando** los autos de los **demás**. Cuando alguien tiene un problema con su auto, me **pide** ayuda. Yo **reviso** el auto y lo **reparo**. Muchas veces, los autos **solamente** necesitan servicio. Algunas veces, es necesario **cambiar** una **pieza** que está mala. Mi trabajo requiere de conocimiento sobre el funcionamiento de los autos. Pero con **experiencia**, **sé** mucho. Las personas me agradecen mi trabajo porque sus autos están **funcionando** bien.

Me gusta mucho mi trabajo. Lo hago **felizmente**. Me gusta ver cuando una persona está feliz de que su auto está en buenas condiciones. Muchas veces, no fácil repararlo. Pero con un poco de esfuerzo, **pronto** está funcionando al **cien por ciento**.

Resumen de la historia

En nuestra comunidad, todos los trabajos son importantes. Todos tienen un trabajo valioso. Pero, hay algunos trabajos que son esenciales para el funcionamiento de nuestra comunidad. Por ejemplo, la policía, los bomberos y los paramédicos son muy importantes para la seguridad de las personas.

También hay otros trabajos sumamente útiles. Los maestros son los encargados de enseñar a los niños. Los niños son los futuros líderes de nuestra comunidad. Los doctores y enfermeras son vitales ya que atienden a las personas que están enfermas o heridas. Su trabajo salva las vidas de las personas.

Luego, existen trabajos llamados "profesionales". Estas personas ayudan al desarrollo de nuestra comunidad y país. Algunos son ingenieros, arquitectos abogados o contadores. Ellos están a cargo de puestos importantes dentro de nuestra comunidad.

Hacer un trabajo con una actitud positiva es fundamental para ayudar a las personas. Cuando se hace un trabajo de la mejor manera posible, se lograr alcanzar el éxito. Además, se ayuda a las personas en la comunidad. Nuestra comunidad y país son mejores gracias a nuestro trabajo bien hecho. Tu comunidad y tu familia aprecian el trabajo que haces cada día. Tu trabajo es esencial para tu comunidad.

Summary of the Story

In our community, all jobs are important. Everyone has a valuable job. But, there are some jobs that are essential for the functioning of our community. For example, police, firefighters, and paramedics are very important for the safety of people.

There are also other extremely useful jobs. Teachers are in charge of teaching children. Children are the future leaders of our community. Doctors and nurses are important, as they care for people who are sick or injured. Their work saves people's lives.

Then, there are jobs called "professional." These people help with the development of our community and country. Some are engineers, architects, lawyers, or accountants. They are in charge of important positions within our community.

Doing a job with a positive attitude is essential to help people. When a job is done in the best possible way, success is achieved. In addition, it helps people in the community. Our community and country are better, thanks to our work done well. Your community and your family appreciate the work you do every day. Your work is essential to your community.

Vocabulary

1. **comunidad** — community
2. **trabajo** — work
3. **hacen** — make
4. **significativo** — significant
5. **sin** — without
6. **podría** — might
7. **funcionar** — function
8. **adecuadamente** — adequately
9. **bienestar** — wellness
10. **algunos** — some
11. **vitales** — vital
12. **policía** — police
13. **bomberos** — firefighters
14. **paramédicos** — paramedics
15. **imprescindibles** — essential
16. **emergencia** — emergency
17. **verdaderos** — true
18. **héroes** — heroes
19. **nuestra** — our
20. **otros** — others
21. **maestros** — teachers
22. **preparan** — prepare
23. **niños** — children
24. **líderes** — leaders
25. **mañana** — morning
26. **valiosos** — valuable
27. **debemos** — we must
28. **cuidar** — look after
29. **enseñan** — they teach
30. **útiles** — tools
31. **positivas** — positive
32. **existe** — exists
33. **empleos** — jobs
34. **igualmente** — equally
35. **encargan** — commission
36. **asegurar** — ensure
37. **funcionamiento** — functioning
38. **trabajadores públicos** — public workers
39. **aseguran** — ensure
40. **mantener** — keep
41. **agua** — water
42. **electricidad** — electricity
43. **recolección** — harvest

44. **basura** — trash
45. **cualquier** — any
46. **profesionales** — professionals
47. **ingenieros** — engineers
48. **abogados** — lawyers
49. **arquitectos** — architects
50. **contadores** — counters
51. **gerentes** — managers
52. **conocimientos** — knowledge
53. **país** — country
54. **universidad** — college
55. **alta importancia** — high importance
56. **doctor** — doctor
57. **enfermos** — sick
58. **heridos** — wounded
59. **regularmente** — regularly
60. **hospital** — hospital
61. **clínica** — clinic
62. **enfermeras** — nurses
63. **nobles** — noble
64. **brindar** — offer
65. **agricultores** — farmers
66. **granjeros** — farmers
67. **comemos** — we eat
68. **tendríamos** — we would have
69. **frutas** — fruits
70. **vegetales** — vegetables
71. **crían** — breed
72. **fundamental** — fundamental
73. **cuál** — which
74. **cualquier** — any
75. **por lo tanto** — thus
76. **buenos** — good ones
77. **resultados** — results
78. **agradecida** — grateful
79. **esfuerzo** — effort
80. **mecánico** — mechanic
81. **arreglando** — fixing up
82. **demás** — the rest
83. **pide** — asks
84. **reviso** — revised
85. **reparo** — repair
86. **solamente** — only
87. **cambiar** — change
88. **pieza** — piece
89. **experiencia** — experience
90. **sé** — he

91. **funcionando** running
92. **felizmente** happily
93. **pronto** soon
94. **cien por ciento** hundred percent

Questions About the Story

1. ¿Cuáles son los trabajos importantes en la comunidad?

    a. Algunos trabajos

    b. Unos pocos trabajos

    c. Todos los trabajos

    d. Casi todos los trabajos

2. ¿Cuáles trabajos son esenciales para la comunidad?

    a. Policía, bomberos y mecánicos.

    b. Policía, bomberos y profesionales

    c. Policía, bomberos y paramédicos

    d. Policía, bomberos y arquitectos

3. ¿Quiénes enseñan a los niños?

    a. Los maestros

    b. Los doctores

    c. Los ingenieros

    d. Los abogados

4. ¿Qué se necesita para hacer un buen trabajo?

    a. Buenas intenciones

    b. Algunas ideas

    c. Actitud positiva

    d. Actividad física

5. ¿Para quién es esencial tu trabajo?

    a. Para tu comunidad

b. Para el gobierno

c. Para la empresa

d. Para los nuevos

Answers

1. C
2. C
3. A
4. C
5. A

Chapter Ten

The World of Sport — El mundo de los deportes

Los **deportes** son una de las **pasiones** más grandes de las personas en todo el mundo. Cuando una persona es **aficionada** a un deporte, también se le **conoce** como "fan" de ese deporte. **En la actualidad, existen** una gran **cantidad** de deportes. Cada deporte tiene sus propias **características** que los hacen **atractivos** para los fans.

Primeramente, los deportes se **dividen** en **individuales** y en **equipo**. Un deporte individual es aquel en donde una persona **sola** practica el deporte sin la ayuda de otra persona. Por ejemplo, el **golf, tenis, natación** y **ciclismo** con algunos de los deportes individuales. En el caso del tenis, es posible jugar en **parejas. Sin embargo, solamente** es necesario una persona para **realizar** el deporte.

Los deportes individuales son ideales para **aquellas** personas que no tienen mucho **tiempo** para **formar** parte de un equipo. **En este caso**, la persona puede practicar el deporte en su tiempo libre. **En muchos casos**, no se necesitan **implementos deportivos. Simplemente** se necesita la **voluntad** de la persona que desea practicar el deporte.

Uno de los deportes más fáciles de practicar es el **atletismo**. En particular, **correr** es un deporte fácil y **sencillo** de realizar. **Básicamente**, el atleta únicamente necesita un **par** de **zapatillas deportivas** para realizarlo. Claro, se requiere de **esfuerzo** y **dedicación**. Aun así, la persona únicamente debe ponerse sus zapatillas y listo.

Luego, los deportes en equipo son aquellos en donde se necesita una cantidad **específica** de **jugadores** para realizar el deporte **apropiadamente**. Algunos ejemplos de este tipo de deportes son el **fútbol, basquetbol, volibol, béisbol,** y **rugby**. La cantidad de jugadores por equipo **varía** según el deporte. Además, en todos estos deportes se tienen dos equipos que se enfrentan en una **partida**. El resultado se determina **de acuerdo** con la cantidad de **puntos** que **acumula** cada equipo.

Usualmente, los deportes en equipo **requieren** de implementos y algún tipo de **cancha**. En el caso de fútbol, **únicamente** se necesita un **balón**. En el caso de otros deportes, se requiere de muchos implementos deportivos. **En algunos casos**, se requiere de una cancha especializada para la práctica de este deporte. En el caso del basquetbol, se requiere de una cancha con las **cestas** para realizar este juego.

En todos los deportes que existen, hay **ciertas reglas** que los **participantes** deben seguir. Las reglas son la forma **correcta** de practicar este deporte. Si no se **siguen** las reglas adecuadamente, no se practica el deporte **correctamente**. Es por ello que todos los participantes deben conocer las reglas **claramente**. Algunos deportes tienen reglas sencillas, como es el caso del rugby, mientras que existen otros deportes con reglas **complejas** como es el caso del **fútbol americano**.

En prácticamente todos los deportes existe un **árbitro**. Un árbitro es una persona **imparcial** que **controla** el juego, **es decir**, es la persona encargada de asegurarse de las reglas del juego. Si algún participante **rompe** las reglas, el árbitro se encarga de **corregir** la situación. El trabajo del árbitro es muy difícil especialmente cuando los jugadores del juego no están **de acuerdo** con las **decisiones** que el árbitro toma.

Todos los deportes tienen sus propias características que los hace **únicos**. Cada persona escoge ser fan del deporte que más le gusta. **Aun así**, hay personas que **prefieren** no ver o participar en algún deporte. Eso está bien. Lo importante es poder **apreciar** la **belleza** de cada deporte y **apoyar** a los atletas que los practican. Cuando se practica un deporte con pasión, realmente se disfruta formar parte de una experiencia singular en la vida.

Y tú, ¿cuál es tu deporte favorito? ¿Practicas algún deporte? Por salud y bienestar físico siempre es bueno practicar algún deporte; no importa cual.

Resumen de la historia

Existen muchas diferentes clases de deportes. En particular, existen dos tipos de deportes, individuales y en equipo. Cada deporte tiene sus aficionados. Cuando una persona es aficionada a un deporte se le llama "fan".

Los deportes individuales son aquellos en donde una sola persona puede practicar el deporte. Es decir, no se necesitan de más personas para llevar a cabo la práctica del deporte. Estos deportes incluyen la natación, el ciclismo, el golf y el tenis. En algunos casos, se pueden practicar los deportes en parejas como es el caso del tenis.

Además, los deportes individuales no requieren de muchos implementos deportivos. Muchas veces, se necesita muy poco para practicarlos. Por ejemplo, correr básicamente requiere de un par de zapatillas deportivas nada más.

En el caso de los deportes en equipo, se necesita de una cantidad específica de personas, o jugadores, para realizar el deporte apropiadamente. Algunos de estos deportes son el fútbol, rugby, béisbol y basquetbol. En algunos casos, se necesita de una cancha especializada para realizar estos deportes. En el basquetbol, se necesita una cancha con dos cestas para realizar el deporte correctamente.

El árbitro es la persona encargada del cumplimiento de las reglas del juego. Cuando un jugador rompe las reglas, el árbitro debe asegurar que el juego continúe correctamente.

Summary of the Story

There are many different kinds of sports. In particular, there are two types of sports, individual and team sports. Every sport has its fans. When a person is fond of a sport, they are called a "fan."

Individual sports are those where only one person can practice the sport. That is, no more people are needed to carry out the practice of the sport. These sports include swimming, cycling, golf, and tennis. In some cases, sports can be practiced in pairs such as in tennis.

In addition, individual sports do not require many sports equipment. Many times, very little is needed to practice them. For example, running basically requires a pair of sneakers and nothing more.

In the case of team sports, a specific number of people or players are needed to perform the sport properly. Some of these sports are football, rugby, baseball, and basketball. In some cases, a specialized court is needed to perform these sports. In basketball, a court with two baskets is needed to perform the sport correctly.

The referee is the person in charge of compliance with the rules of the game. When a player breaks the rules, the referee must ensure that the game continues correctly.

Vocabulary

1. **deportes** — sports
2. **pasiones** — passions
3. **aficionada** — amateur
4. **conoce** — known
5. **En la actualidad** — nowadays
6. **existen** — exist
7. **cantidad** — quantity
8. **características** — characteristics
9. **atractivos** — attractive
10. **dividen** — divide
11. **individuales** — individual
12. **equipo** — team
13. **sola** — alone
14. **golf** — golf
15. **tenis** — tennis
16. **natación** — swimming
17. **ciclismo** — cycling
18. **parejas** — couples
19. **Sin embargo** — but nevertheless
20. **solamente** — only
21. **realizar** — perform
22. **aquellas** — those
23. **tiempo** — weather
24. **formar** — to form
25. **En este caso** — in this case
26. **En muchos casos** — in many cases
27. **implementos deportivos** — sports equipment
28. **Simplemente** — simply
29. **voluntad** — will
30. **atletismo** — athletics
31. **correr** — run
32. **sencillo** — simple
33. **Básicamente** — basically
34. **par** — pair
35. **zapatillas deportivas** — sneakers
36. **esfuerzo** — effort
37. **dedicación** — dedication
38. **específica** — specific
39. **jugadores** — players
40. **apropiadamente** — properly
41. **fútbol** — football
42. **basquetbol** — basketball

43.	**volibol**	volleyball
44.	**béisbol**	baseball
45.	**rugby**	rugby
46.	**varía**	it varies
47.	**partida**	departure
48.	**de acuerdo**	in agreement
49.	**puntos**	points
50.	**acumula**	accumulates
51.	**Usualmente**	usually
52.	**requieren**	require
53.	**cancha**	court
54.	**únicamente**	only
55.	**balón**	ball
56.	**En algunos casos**	In some cases
57.	**cestas**	baskets
58.	**ciertas**	true
59.	**reglas**	rules
60.	**participantes**	participants
61.	**correcta**	correct
62.	**siguen**	follow
63.	**correctamente**	correctly
64.	**claramente**	clearly
65.	**complejas**	complex
66.	**fútbol americano**	football
67.	**árbitro**	referee
68.	**imparcial**	impartial
69.	**controla**	controls
70.	**es decir**	that is to say
71.	**rompe**	breaker
72.	**corregir**	to correct
73.	**de acuerdo**	in agreement
74.	**decisiones**	decisions
75.	**únicos**	unique
76.	**Aun así**	Even so
77.	**prefieren**	prefer
78.	**apreciar**	to appreciate
79.	**belleza**	beauty
80.	**apoyar**	support

Questions About the Story

1. ¿A quién se le llama "fan"?

    a. A un árbitro

    b. A un aficionado

    c. A un jugador

    d. A un profesional

2. ¿Cuáles son los deportes individuales?

    a. Aquellos que se practican individualmente

    b. Aquellos que se hacen en grupo

    c. Aquellos que no usan implementos deportivos

    d. Aquellos que se practican de día

3. ¿Cuáles son los deportes en equipo?

    a. Aquellos que se practican individualmente

    b. Aquellos que se hacen en grupo

    c. Aquellos que no usan implementos deportivos

    d. Aquellos que se practican de día

4. ¿Qué son los implementos deportivos?

    a. El equipo necesario para practicar el deporte

    b. Las personas necesarias para el juego

    c. El árbitro imparcial en la cancha de juego

    d. Los aficionados que apoyan al equipo

5. ¿Quién es el árbitro?

    a. Es la persona que controla el juego

b. Es uno de los jugadores del equipo

c. Es quien tiene el balón de juego

d. Es el individuo que practica deporte

Answers

1. B
2. A
3. B
4. A
5. A

Chapter Eleven

Hobbies — Los pasatiempos

El tiempo libre es el tiempo en que no se trabaja ni se va a la escuela. **Durante** este tiempo, las personas **acostumbran** a realizar **varias** actividades. Algunas de las actividades más comunes son salir con amigos, ver televisión, **leer** un libro o **simplemente** descansar en casa. Es importante **aprovechar** el tiempo libre especialmente cuando se trabaja muy **duro**. Para muchas personas, el tiempo libre es muy **valioso**.

Una de las actividades que se pueden realizar en el tiempo libre es un **pasatiempo**. Un pasatiempo es una actividad que se realiza **específicamente** en el tiempo libre. Si realizas alguna de estas actividades como parte de tu trabajo **habitual**, entonces no es un pasatiempo.

Un pasatiempo es una actividad **divertida** en la cual una persona realiza una **acción** que disfruta **muchísimo**. Existen muchísimas actividades que se **consideran** como pasatiempo. Éstas son algunas de las actividades que se realizan como parte de los pasatiempos: **coleccionar artículos, tejer, escribir, pintar, construir modelos, la jardinería, cocinar**, practicar un deporte, **tocar un instrumento musical**, o bien viajar. Cualquier de estas actividades, entre tantas más, se consideran como pasatiempos.

Otra palabra para **referirse** a un pasatiempo es "hobby". Cuando realizas un pasatiempo, tu **cuerpo** y **mente** se **transportan** a un lugar en donde estás totalmente **concentrado** en la actividad que realizas. Esto es lo que hace de los pasatiempos, una actividad **placentera**. Por eso, si tienes algún hobby, lo puedes hacer con toda la motivación posible.

A muchas personas les gusta coleccionar algún artículo. El tipo de artículos coleccionables varía grandemente. Por ejemplo, hay personas que coleccionan **vasos**, **platos**, **monedas** o bien **estampillas postales**. Otras personas coleccionan **antigüedades**, es decir, artículos muy **viejos** que tienen un alto **valor** histórico. Las antigüedades, por lo general, son **costosas** ya que cuentan con muchos años de historia.

Los coleccionistas pasan mucho tiempo viajando de **sitio** en sitio en **búsqueda** de los artículos que coleccionan. En algunos casos, conocen a otras personas que se **dedican** a buscar los artículos coleccionables para luego **revenderlos** a los coleccionistas.

Otras personas realizan pasatiempos como **cocinar**. Cocinar es una **tarea** muy común ya que todos **debemos** comer. **Sin embargo**, hay personas que les gusta cocinar como una **manera** de **expresar** sus **habilidades artísticas**. Entonces, se dedican a preparar **platillos** nuevos en donde sus amigos y familias pueden **saborear** nuevas **creaciones**. Algunas otras personas disfrutan preparar platillos de diferentes países del mundo. Con esto, pueden **experimentar** con nuevos sabores.

Algunas personas practican algún deporte a manera de pasatiempo. Cuando se practica un deporte, no se **tiene** en mente **competir**. Por el contrario, se practica el deporte por el **amor** el juego. Como tal, estas personas buscan compartir con amigos y **pasarla** bien **durante** el juego.

Un pasatiempo **increíble** es viajar. Existen personas que tiene tiempo y dinero por lo que buscan nuevos lugares por **conocer**. Estas personas van de ciudad en ciudad, o de país en país, en búsqueda de nuevas **aventuras**. Estas aventuras pueden ser conocer sitios históricos, **monumentos antiguos**, o descubrir leyendas de otras culturas. En definitiva, viajar es uno de los pasatiempos más **emocionantes**.

Personalmente, mi pasatiempo es coleccionar **fotografías**. Me gusta mucho tomar fotografías. Tengo una **camera** con la que voy por todas partes. Tomo fotos de todas las cosas que encuentro. Me gusta tomar fotos a las personas, a las mascotas y a los paisajes. En particular, me gusta tomar foto del **amanecer**. El **cielo** se pone **hermoso** cuando el sol sale en la **mañana**.

Tengo miles de fotos. Tomo muchísimas fotos **cada vez** que viajo. Estos son **recuerdos** para siempre. **No quiero olvidar** ni un **momento** de mis viajes. Son **experiencias** que nunca **olvidaré**. Tengo muchos recuerdos de distintos lugares.

Pero, mi lugar favorito es un **volcán activo**. Estar cerca de un volcán activo es una experiencia alucinante. Es ideal para los amantes de la aventura.

No sé a dónde haré mi **siguiente** viaje. Lo que sí estoy seguro es que tomaré muchas fotos. Este es mi pasatiempo. Tomar fotografías de todas las cosas y personas **maravillosas** que encuentro por todas partes. Lo mejor de todo es que es un pasatiempo que puedo compartir con mis amigos y mi familia. A todos les **encantan** mis fotos.

Resumen de la historia

Los pasatiempos son actividades que se realizan cuando no se trabaja. Es por ello que un pasatiempo es una actividad divertida que es agradable para la persona que la practica. Si se realizan estas actividades como parte del trabajo de una persona, entonces no es un pasatiempo.

Algunos ejemplos de pasatiempos son coleccionar artículos, cocinar, tejer, o construir modelos de algún tipo. Algunas otras personas disfrutan practicar deportes a manera de pasatiempo. Estas personas hacen deporte por amor al juego y no por deseo de competir en dicho deporte.

Los pasatiempos artísticos son una oportunidad para mostrar las habilidades de una persona. Estos pasatiempos incluyen la pintura, escritura y la música. Uno de los pasatiempos más impresionantes es viajar. Conocer nuevos lugares es una experiencia singular en la vida. Las personas que viajan mucho son muy afortunadas porque conocer muchos lugares nuevos y muchas personas especiales.

Personalmente, mi pasatiempo es la fotografía. Me encanta tomar fotografías de todos los lugares a donde voy. Estos son recuerdos que me quedan de cada una de mis aventuras. Tengo miles de fotos que comparto con mis amigos y mi familia. A ellos les encantan mis fotos. También me encanta tomar fotografías de cada uno de los lugares nuevos que visito.

Summary of the Story

Hobbies are activities that are done when you don't work. That is why a hobby is a fun activity that is enjoyable for the person who practices it. If these activities are performed as part of a person's work, then they are not a hobby.

Some examples of hobbies are collecting items, cooking, knitting, or building models of some kind. Other people enjoy playing sports as a hobby. These people play sports for the love of the game and not for the desire to compete in that sport.

Artistic hobbies are an opportunity to show a person's skills. These hobbies include painting, writing, and music. One of the most impressive hobbies is traveling. Knowing new places is a unique experience in life. People who travel a lot are very lucky because they know many new places and many special people.

Personally, my hobby is photography. I love taking pictures of all the places I go. These are memories that I have left of each of my adventures. I have thousands of photos that I share with my friends and family. They love my photos. I also love taking pictures of each of the new places I visit.

Vocabulary

1. **durante** — during
2. **acostumbran** — get used
3. **varias** — several
4. **leer** — read
5. **simplemente** — simply
6. **aprovechar** — to take advantage of
7. **duro** — hard
8. **valioso** — valuable
9. **pasatiempo** — hobby
10. **específicamente** — specifically
11. **habitual** — habitual
12. **divertida** — funny
13. **acción** — action
14. **muchísimo** — very much
15. **consideran** — consider
16. **coleccionar artículos** — collect items
17. **tejer** — to knit
18. **escribir** — to write
19. **pintar** — paint
20. **construir modelos** — build models
21. **la jardinería** — the garden
22. **cocinar** — cook
23. **tocar un instrumento musical** — play a musical instrument
24. **referirse** — refer
25. **cuerpo** — body
26. **mente** — mind
27. **transportan** — transport
28. **concentrado** — concentrated
29. **placentera** — pleasant
30. **vasos** — glasses
31. **platos** — dishes
32. **monedas** — coins
33. **estampillas postales** — postal stamps
34. **antigüedades** — antiques
35. **viejos** — old
36. **valor** — value
37. **costosas** — expensive
38. **sitio** — site
39. **búsqueda** — search
40. **dedican** — they dedicate

41.	**revenderlos**	resell them
42.	**cocinar**	cook
43.	**tarea**	homework
44.	**debemos**	we must
45.	**sin embargo**	but nevertheless
46.	**manera**	way
47.	**expresar**	express
48.	**habilidades**	skills
49.	**artísticas**	artistic
50.	**platillos**	dishes
51.	**saborear**	savor
52.	**creaciones**	creations
53.	**experimentar**	to experience
54.	**tiene**	has
55.	**competir**	to compete
56.	**amor**	love
57.	**pasarla**	pass it
58.	**durante**	during
59.	**increíble**	incredible
60.	**conocer**	know
61.	**aventuras**	adventure
62.	**monumentos**	monuments
63.	**antiguos**	ancient
64.	**emocionantes**	exciting
65.	**personalmente**	personally
66.	**fotografías**	photographs
67.	**camera**	camera
68.	**amanecer**	sunrise
69.	**cielo**	sky
70.	**hermoso**	beautiful
71.	**mañana**	morning
72.	**cada vez**	every time
73.	**recuerdos**	memories
74.	**no quiero**	I do not want
75.	**olvidar**	forget
76.	**momento**	moment
77.	**experiencias**	experiences
78.	**olvidaré**	I will forget
79.	**volcán activo**	active volcano
80.	**siguiente**	following
81.	**maravillosas**	wonderful
82.	**encantan**	love them

Questions About the Story

1. ¿Qué es un pasatiempo?

    a. Es una actividad importante

    b. Es una actividad en tiempo libre

    c. Es una actividad improductiva

    d. Es una actividad descriptiva

2. ¿Cómo son los pasatiempos?

    a. Son divertidos

    b. Son aburridos

    c. Son nuevos

    d. Son viejos

3. ¿Cuáles son algunos ejemplos de pasatiempos?

    a. Coleccionar viajes

    b. Coleccionar ropa

    c. Coleccionar estampillas

    d. Coleccionar mascotas

4. ¿Cuál es un pasatiempo impresionante?

    a. Viajar

    b. Comer

    c. Jugar

    d. Dormir

5. ¿Cuál es mi pasatiempo?

    a. La fotografía

b. La cocina

c. La comida

d. La labor

Answers

1. B
2. A
3. C
4. A
5. A

Chapter Twelve

The Importance of Banks — La importancia de los bancos

El dinero es muy importante en nuestras vidas. Nos **sirve** para **comprar** las cosas que **necesitamos** todos los días. Con el dinero podemos comprar comida, ropa, **medicina**, **gasolina** para el auto, pagar los **gastos de la casa** y **obtener** cualquier cosa que necesitamos.

En muchos casos, las personas obtienen dinero de su empleo. Cuando una persona tiene un empleo, **recibe** un **salario**. En algunos casos, existen personas que ganan un salario muy alto. Estas personas reciben más dinero cada mes. Otras personas, ganan un salario bajo, por ejemplo, ganan el **salario mínimo** en su país.

En otros casos, las personas que tienen un **negocio** ganan dinero de esta manera. Una persona que tiene un negocio se le conoce como "**emprendedor**". Un emprendedor es una persona que tiene una actividad en donde gana dinero por su **esfuerzo**. Esto puede ser un negocio, una **actividad artística**, o bien, es **inventor** de algún producto **útil** e **interesante**.

Cuando se recibe dinero, **usualmente** se recibe a través de un **banco**. Los bancos son **instituciones** en donde se **deposita** el dinero de una persona en una **cuenta**. Una cuenta lleva el nombre de la **persona titular**. Esto quiere decir que el dinero que se encuentra depositado en esa cuenta es de la persona titular. Entonces, esta persona puede **depositar** más dinero en esta cuenta o **retirarlo** cuando lo necesita.

Lo **ventaja** más grande de tener el dinero en un banco es la **seguridad**. Muchas veces, tener dinero en un banco es más seguro que tener el dinero guardado en casa. Esto es importante **especialmente** si se trata de mucho dinero. Cuando una persona tiene mucho dinero, es mejor **guardarlo** en un banco. Así, no hay **preocupaciones** de que el dinero está en **riesgo**.

El **dinero en efectivo**, o **cash**, sirve para **comprar** y **vender**. Pero muchas veces, puede ser **peligroso** tener mucho dinero en efectivo. Es por ello que los bancos ofrecen una **tarjeta de débito**. Una tarjeta de débito es una tarjeta plástica que sirve para realizar **transacciones** en lugar de usar efectivo. Con esta tarjeta es posible evitar el uso de dinero en efectivo. Simplemente se utiliza para pagar y listo. Es igual a pagar con dinero en efectivo.

Otro tipo de tarjeta es la llamada "**tarjeta de crédito**". La diferencia entre una tarjeta de crédito y una tarjeta de débito es que la tarjeta de débito retira dinero **directamente** de la cuenta de una persona. La tarjeta de crédito no retira dinero de una cuenta, sino que es una clase de **préstamo** que tiene la persona **propietaria** de la tarjeta. Esto quiere decir que puede pagar con esa tarjeta por cualquier compra que realiza.

Usualmente, los clientes que **poseen** una tarjeta de crédito reciben un **estado de cuenta** al final del mes. En ese caso, deben realizar el pago de las compras que realizan con su tarjeta de crédito. Para ello, se puede pagar con dinero en efectivo o con un **cheque** a favor del banco. Con esto, quedan pagada la cuenta del mes **anterior**.

Así mismo, un cheque es un **documento** que sirve para entregar dinero a una persona. Este documento es igual que el dinero en efectivo. La diferencia es que el documento no vale como dinero. El cheque sirve para recibir el dinero a cambio. Básicamente, un cheque es una **promesa** de que la persona que lo recibe tendrá el dinero a cambio.

Para cambiar un cheque, es necesario **acudir** a un banco. El banco recibe el cheque y revisa si hay **suficientes fondos** en la cuenta. Si la cuenta tiene suficiente dinero, entonces el dinero en efectivo es **entregado** a la persona que lo **porta**. Los cheques son muy útiles para evitar grandes cantidades de dinero efectivo ya que cargar mucho dinero en efectivo es peligroso.

Los bancos ofrecen un servicio a la comunidad. Claro, estos **servicios** no son **gratuitos** puesto que cobran por algunos de los servicios que prestan. Sin embargo, los bancos son necesarios para facilitar las transacciones que se realizan a diario. Sin los bancos, las personas tendrían que **cargar** mucho dinero en efectivo. Esto no sólo es peligroso, sino que es **incómodo**. Por eso, los bancos ofrecen una buena opción para el manejo responsable del dinero.

Resumen de la historia

El dinero es importante en nuestras vidas. Nos permite comprar y vender las cosas que necesitamos a diario. Con el dinero, podemos obtener todas aquellas cosas que usamos como ropa, comida, medicinas y la gasolina para el auto.

Los bancos son importantes porque ayuda a manejar el dinero de una manera más fácil. Por ejemplo, se utilizan las tarjetas de débito y crédito para la gestión del dinero. Una tarjeta de débito retira dinero de la cuenta de una persona. Una tarjeta de crédito es un tipo de préstamo. Entonces, la persona puede pagar con la tarjeta de crédito, pero luego debe pagar el balance al final del mes.

Cuando una persona recibe dinero, por ejemplo, su salario, recibe el dinero en un banco. Esto hace este proceso más cómodo y seguro. Tener mucho dinero en efectivo es peligroso. Entonces, recibir dinero en un banco es una forma más segura de realizar este tipo de transacciones.

Los cheques también son una parte importante de los servicios de un banco. Cuando una persona recibe un cheque, recibe una promesa de obtener el dinero en efectivo. Entonces, el portador del cheque debe ir al banco para cambiarlo y recibir el dinero a cambio. Un cheque es muy útil sobre todo cuando son cantidades muy grandes de dinero.

Summary of the Story

Money is important in our lives. It allows us to buy and sell the things we need on a daily basis. With money, we can get all those things we use, such as clothes, food, medicine, and gas for the car.

Banks are important because they help manage money in an easier way. For example, debit and credit cards are used for money management. A debit card withdraws money from a person's account. A credit card is a type of loan. The person can pay with the credit card, but then they must pay the balance at the end of the month.

When a person receives money, for example, their salary, they receive the money in a bank. This makes this process more comfortable and safer. Having a lot of cash is dangerous. So, receiving money in a bank is a safer way to carry out these types of transactions.

Checks are also an important part of a bank's services. When a person receives a check, they receive a promise to get the money in cash. Then, the bearer of the check must go to the bank to change it and receive the money in return. A check is very useful, especially when they are very large amounts of money.

Vocabulary

1. **sirve** — it serves
2. **comprar** — to buy
3. **necesitamos** — we need
4. **medicina** — medicine
5. **gasolina** — gasoline
6. **gastos de la casa** — household expenses
7. **obtener** — obtain
8. **recibe** — receives
9. **salario** — salary
10. **salario mínimo** — minimum salary
11. **negocio** — deal
12. **emprendedor** — entrepreneur
13. **esfuerzo** — effort
14. **actividad artística** — artistic activity
15. **inventor** — inventor
16. **útil** — Useful
17. **interesante** — interesting
18. **usualmente** — usually
19. **banco** — Bank
20. **instituciones** — institutions
21. **deposita** — deposit
22. **cuenta** — account
23. **persona titular** — titular person
24. **depositar** — to deposit
25. **retirarlo** — remove it
26. **ventaja** — advantage
27. **seguridad** — security
28. **especialmente** — especially
29. **guardarlo** — save it
30. **preocupaciones** — worries
31. **riesgo** — risk
32. **dinero en efectivo** — cash
33. **cash** — cash
34. **comprar** — to buy
35. **vender** — to sell
36. **peligroso** — dangerous
37. **tarjeta de débito** — debit
38. **transacciones** — transactions
39. **tarjeta de crédito** — credit card
40. **directamente** — directly
41. **préstamo** — loan
42. **propietaria** — owner
43. **poseen** — they own

44.	**estado de cuenta**	account status
45.	**cheque**	check
46.	**anterior**	previous
47.	**documento**	document
48.	**promesa**	promise
49.	**acudir**	go
50.	**suficientes**	enough
51.	**fondos**	money
52.	**entregado**	delivered
53.	**porta**	holder
54.	**servicios**	services
55.	**gratuitos**	free
56.	**cargar**	load
57.	**incómodo**	uncomfortable

Questions About the Story

1. ¿Qué es importante en nuestras vidas?

    a. Los autos

    b. El dinero

    c. La lotería

    d. El teléfono

2. ¿Para qué sirve el dinero?

    a. Para conocer otros planetas

    b. Para vivir en la playa

    c. Para comprar lo que necesitamos

    d. Para determina el futuro

3. ¿Para qué sirve una tarjeta de débito?

    a. Para comer en un restaurante

    b. Para visitar un volcán activo

    c. Para obtener un auto nuevo

    d. Para retirar dinero de una cuenta

4. ¿Qué es una tarjeta de crédito?

    a. Es una tarjeta de plástico

    b. Es una tarjeta de negocios

    c. Es una tarjeta de presentación

    d. Es una tarjeta de dinero

5. ¿Qué es un cheque?

    a. Es un documento nuevo

b. Es una promesa de dinero

c. Es una manera anterior

d. Es la mejor forma para ti

Answers

1. B
2. C
3. D
4. A
5. B

Chapter Thirteen

How to Get a Job — Como obtener un empleo

Una **empresa** es una institución que se **dedica** a alguna actividad **productiva**. Estas actividades **difieren según** el tipo de empresa. Por ejemplo, una **fábrica** produce artículos mientras que una **tienda** vende artículos al público.

En cualquier tipo de empresa, se necesitan **empleados**. Los empleados son personas que trabajan para la empresa. Una persona que trabaja en una empresa obtiene un empleo. Para obtener un empleo, es **necesario** pasar por un **proceso**. Este proceso es **generalmente** el mismo.

Primeramente, una empresa hace pública una **oferta de trabajo**. Lugares comunes en donde se publican las ofertas de trabajo son el **periódico local**, en **internet** o en alguna **oficina de empleo**. Estas ofertas de empleo están **disponibles** para todas las personas que están en búsqueda de un empleo.

Cuando una persona interesada en obtener empleo ve una oferta, primero debe **revisar** si el empleo está de acuerdo con sus **capacidades, experiencia** y **entrenamiento**. Usualmente, una oferta de empleo indica toda la información: experiencia requerida, **habilidades** necesarias y conocimientos **esenciales**. Si la persona interesada en el puesto de trabajo cumple con estas especificaciones, puede **presentar** su **solicitud de empleo**.

Una **solicitud de empleo** es un documento en donde se **manifiesta formalmente** el interés de una persona por obtener un empleo. En la solicitud, una persona anota toda su información **relevante** y la **entrega** a la empresa. En una solicitud, un **candidato** adjunta su **curriculum vitae**. Este es un documento en donde indica su **experiencia**, **estudios** y cualquier otra información relevante para la empresa.

Las personas encargadas del **departamento** de **recursos humanos revisan** la solicitud y **determinan** si la persona **cumple** con los **requisitos** en la oferta. Si no cumple con los requisitos, su solitud es **rechazada**. Esto significa que no se toma en cuenta para el empleo.

Si el candidato sí cumple con los requisitos **indicados** en la oferta, entonces se procede a realizar una **entrevista de trabajo**. Una entrevista de trabajo consiste en una persona encargada de **reclutamiento**, es decir, de **contratar** a nuevos empleados y el candidato. Esta entrevista es una manera de conocer más de cerca a la persona que estará trabajando para la empresa.

Cuando se **lleva a cabo** una entrevista, el candidato debe presentarse de una manera adecuada. Usualmente, un candidato se presenta **bien vestido**, y con **copias** de los documentos que necesita para **acreditar** sus estudios y experiencia.

Así mismo, el reclutador tiene una **lista** de elementos que el candidato debe cumplir. Es muy común **rechazar** candidatos después de una entrevista. **Por lo general,** se entrevistan a varios candidatos hasta tener una lista de **finalistas**. En la **lista de finalistas**, regularmente tres, se realiza una segunda entrevista. Esta segunda entrevista es con **representantes** del departamento en donde trabajará el candidato.

Al terminar la segunda entrevista, el reclutador puede tomar una **decisión**. Esto puede resultar en un nuevo candidato contratado para el empleo. En algunos casos, se procede a realizar una tercera entrevista. Esto es común en empleos de **alto nivel** en donde el candidato tiene un alto grado de **responsabilidad**.

Al finalizar el proceso de reclutamiento, la empresa decide a quien contratar. El candidato ganador es **notificado** de su **selección**. Esto significa que tiene el empleo. La empresa, por su parte, **elabora** un **contrato**. El contrato contiene todas las condiciones en donde se especifica qué es lo que el empleado debe hacer, su **horario de trabajo**, sus **beneficios**, y lo más importante, su salario. Todos estos **términos** se pueden **negociar** durante la entrevista de trabajo. Si la empresa y el candidato están **de acuerdo**, se **firma** el contrato. Con la firma del contrato, el empleado es ahora un nuevo empleado de la empresa.

Si el empleo es para trabajar en el gobierno de un país, el proceso es muy similar. Usualmente, los requisitos para trabajar en el gobierno son más estrictos que en una **empresa privada**. Pero, el proceso de reclutamiento es prácticamente el mismo.

Una vez empieza a trabajar el nuevo empleado, debe esperar un **período** de tiempo antes de recibir su primer salario. Por lo regular, el nuevo empleado recibe su salario al final de su primer mes. Esto es importante tomarlo en **consideración**. Existen casos en donde los empleados reciben un pago **anticipado**. Pero usualmente deben esperar para recibir su primer sueldo.

El proceso para obtener un nuevo empleo puede ser rápido, es decir, puede durar unos cuantos días. En algunas **situaciones**, este proceso puede **durar** semanas, sino hasta meses. Muchas veces, esto **depende** del tipo de trabajo que la persona realizará.

Resumen de la historia

El proceso para obtener un empleo consiste en varios pasos. Primero, una empresa publica una oferta de empleo. Esta oferta de empleo indica todas las condiciones del empleo. Así mismo, indica los requisitos que el candidato debe cumplir en términos de experiencia y estudios.

Cuando una persona está interesada en un empleo, puede presentar su solicitud de empleo. Esta solicitud es un documento en donde formalmente pide ser considerado para el empleo. El encargado de recursos humanos de una empresa revisa la solicitud, junto con el curriculum vitae del candidato, y decide si la acepta o la rechaza.

Si la solicitud es aceptada, el candidato pasa a una entrevista de empleo. Esta entrevista de empleo consiste en una reunión en donde el reclutador conocer más acerca del candidato. En una entrevista, se puede rechazar o aceptar a un candidato. Una entrevista también es una oportunidad para negociar los términos del empleo.

Cuando el candidato es contratado, debe firma un contrato. El contrato es el documento formal en donde se establecen todos los términos del empleado. Con la firma del contrato, el candidato ya tiene un nuevo empleo. Pero, deberá esperar un tiempo para recibir su primer salario. Usualmente, debe esperar un mes antes de recibir su primer salario.

Summary of the Story

The process to obtain a job consists of several steps. First, a company publishes a job offer. This job offer indicates all conditions of employment. It also indicates the requirements that the candidate must meet in terms of experience and studies.

When a person is interested in a job, they can submit their job application. This application is a document where a candidate formally asks to be considered for employment. The human resources manager of a company reviews the application, along with the candidate's curriculum vitae, and decides whether to accept or reject it.

If the application is accepted, the candidate moves on to a job interview. This job interview consists of a meeting, where the recruiter knows more about the candidate. In an interview, a candidate can be rejected or accepted. An interview is also an opportunity to negotiate the terms of employment.

When the candidate is hired, they must sign a contract. The contract is the formal document where all the terms of the employment are established. With the signing of the contract, the candidate already has a new job. But, they must wait for a while to receive their first salary. Usually, they must wait a month before receiving their first salary.

Vocabulary

1. **empresa** — company
2. **dedica** — dedicate
3. **productiva** — productive
4. **difieren** — differ
5. **según** — according
6. **fábrica** — factory
7. **tienda** — store
8. **empleados** — employees
9. **necesario** — necessary
10. **proceso** — process
11. **generalmente** — usually
12. **oferta de trabajo** — job offer
13. **periódico** — newspaper
14. **local** — local
15. **internet** — internet
16. **oficina de empleo** — employment office
17. **disponibles** — available
18. **revisar** — check
19. **capacidades** — capacities
20. **experiencia** — experience
21. **entrenamiento** — training
22. **habilidades** — skills
23. **esenciales** — essential
24. **presentar** — present
25. **solicitud de empleo** — job application
26. **solicitud de empleo** — job application
27. **manifiesta** — manifest
28. **formalmente** — formally
29. **relevante** — relevant
30. **entrega** — delivery
31. **candidato** — candidate
32. **curriculum vitae** — curriculum vitae
33. **experiencia** — experience
34. **estudios** — studies
35. **departamento** — department
36. **recursos humanos** — human resources
37. **revisan** — check
38. **determinan** — determine
39. **cumple** — meets

40.	**requisitos**	requirements
41.	**rechazada**	rejected
42.	**indicados**	indicated
43.	**entrevista de trabajo**	job interview
44.	**reclutamiento**	recruitment
45.	**contratar**	contract
46.	**lleva a cabo**	performed
47.	**bien vestido**	well dressed
48.	**copias**	copies
49.	**acreditar**	accredit
50.	**lista**	list
51.	**rechazar**	to refuse
52.	**por lo general**	as usual
53.	**finalistas**	finalists
54.	**lista de finalistas**	list of finalists
55.	**representantes**	representatives
56.	**decisión**	decision
57.	**alto nivel**	high level
58.	**responsabilidad**	responsibility
59.	**notificado**	notified
60.	**selección**	selection
61.	**elabora**	elaborate
62.	**contrato**	contract
63.	**horario de trabajo**	working hours
64.	**beneficios**	benefits
65.	**términos**	terms
66.	**negociar**	negotiate
67.	**de acuerdo**	in agreement
68.	**firma**	firm
69.	**empresa privada**	private company
70.	**período**	period
71.	**consideración**	consideration
72.	**anticipado**	anticipated
73.	**situaciones**	situations
74.	**durar**	to last
75.	**depende**	it depends

Questions About the Story

1. ¿Qué indica una oferta de empleo?

    a. Muchos beneficios para el trabajo

    b. Muchas tareas y trabajo que hacer

    c. Las condiciones del empleo

    d. Las formas de realizar el empleo

2. ¿Qué hace una persona interesada en un empleo?

    a. Presenta su solicitud de empleo

    b. Presenta su interés por trabajar

    c. Presenta su forma de trabajar

    d. Presenta su nueva forma de vestir

3. ¿Qué es una solicitud de empleo?

    a. Es un documento muy grande

    b. Es una manifestación de interés

    c. Es un documento muy complicado

    d. Es una forma de presentarse

4. ¿Quién revisa la solicitud de empleo?

    a. La persona encargada de trabajar

    b. La persona llena de entusiasmo

    c. La persona encargada de contratación

    d. La persona que trabaja en casa

5. ¿Qué es un contrato de trabajo?

    a. Es la contratación oficial del candidato

b. Es el documento oficial de la empresa

c. Es una forma de trabajar eficientemente

d. Es la manera que se hacen las cosas

Answers

1. C
2. A
3. B
4. C
5. A

Chapter Fourteen

Festivals and Celebrations — Festivales y celebraciones

En mi país, tenemos muchas **celebraciones** y **festivales**. Algunas celebraciones son muy **coloridas**, **alegres** y **emocionantes**. Otras son más **solemnes** y **respetuosas**. Pero, de todas formas, nos **la pasamos muy bien** en familia y con amigos. Estas celebraciones hacen de nuestras vidas muy especiales.

La celebración más grande en mi país es la celebración del **Día de la Independencia**. **Cada año**, se celebra el fin de la **época colonial**. Con el fin de esta época, se da el inicio de la nueva **república**. **Típicamente**, esta celebración dura unas dos **semanas**. Las personas igual van a trabajar y a estudiar, pero se **dedica** tiempo a las celebraciones especiales.

En las escuelas, los niños celebran la independencia con **actos** en donde se **reconoce** la **historia** de nuestro país y la **diversidad** que existe en él. También se **realizan** actividades que dan **tributo** a nuestro **legado ancestral**. Los niños disfrutan este tipo de celebraciones, sobre todo porque tienen la **oportunidad** de **adornar** su escuela.

Quizá la celebración más grande es la **Navidad**. La Navidad es una celebración de origen **religioso**. Es una celebración de origen **cristiano**. Entonces, esta celebración tiene un **significado** muy importante para aquellas personas cristianas que tienen una **fe** muy **profunda**.

La Navidad también es una época de **alegría** y **felicidad**. Para muchas personas, es una **oportunidad** de hacer buenas **acciones**, ayudar a la gente **necesitada** y manifestar sus **buenos deseos**. En esta época, las reuniones con amigos y familia son muy comunes. Usualmente, las reuniones consisten en alguna comida, o bien, **asistir** a la iglesia.

Después de la Navidad, la celebración del **Año Nuevo** es muy importante. El año termina en **diciembre** y el nuevo año iniciar en enero. **Durante este tiempo**, hay muchas fiestas para **despedir** el año anterior y darle la **bienvenida** al nuevo año. **Por todas partes**, se ve alegría y felicidad. Debemos dar gracias por las cosas positivas del año anterior y estar **optimistas** para el año nuevo. La Navidad y el Año Nuevo típicamente se **celebran** en los mismos días puesto que la Navidad se celebra el veinticuatro y veinticinco de diciembre, mientras que el Año Nuevo se celebra el treinta y uno de diciembre y uno de **enero**. Estas es una época muy importante en mi país.

Luego, existen otras celebraciones muy famosas. En algunas de estas celebraciones no son **feriados nacionales**, pero sí son celebradas **ampliamente** por todas las personas en mi país.

Por ejemplo, el **Día de la Madre** es muy famoso. Este día se celebra en **mayo** en mi país. Las familias celebran este día con música, **flores** y **regalos** para las madrecitas. Muchas familias celebran este día en un restaurante o con un viaje. De igual manera, se celebra el **Día del Padre**. Este día se celebra en el mes de **junio**. La celebración es muy similar a la celebración del Día de la Madre. También existe el día de los **abuelitos**. Este día se celebra en diferentes fechas en diversos países. En mi país, esta celebración se lleva a cabo en el mes de **julio**. Es muy divertido realizar una celebración para nuestros **queridos** abuelitos.

Otro tipo de celebraciones **conmemorativas** son aquellas que reconocen algún **evento significativo** en la historia de un país. Por ejemplo, existen días que conmemoran famosas **batallas militares**, los **veteranos de guerras**, **revoluciones**, o el **nacimiento** de algún **héroe nacional**. Durante estas **ocasiones**, se llevan a cabo **ceremonias** en donde se reconoce el evento histórico. En las escuelas, los niños aprenden el significado de estos eventos.

Cuando una celebración o conmemoración es un feriado nacional, este día se declara por medio de una **ley oficial**. Usualmente, los **trabajadores** y estudiantes tienen un día libre. Esto les permite observar la celebración del feriado, o bien, simplemente pasar más tiempo en familia. Debido a que se trata de un feriado nacional, los trabajadores aun reciben su **sueldo**.

Los festivales son celebraciones **típicas** de cada país. Un festival **normalmente** es una gran **fiesta local**, o bien nacional, en donde la **cultura** y **folclor** de un país es **evidente**. Durante estas celebraciones, se observan **bailes**, comida, y **disfraces** típicos de ese país. Los festivales son excelentes oportunidades para los turistas. Cuando un **turista** visita un país durante un festival, el turista puede ver la **maravilla** de la cultura de ese país.

Resumen de la historia

Los festivales y celebraciones en mi país son variados. Existen feriados nacionales, fechas especiales y festivales. El día más importante de mi país es el Día de la Independencia. Este feriado celebra el fin de la época colonial en mi país y el inicio de la nueva república. Este feriado se observa con muchas celebraciones y actos en las escuelas.

Luego, la Navidad y el Año Nuevo son las celebraciones más famosas. La Navidad es una celebración religiosa de origen cristiano. Además de ello, las personas celebran esta ocasión en familia y con amigos. Es una época en donde se manifiestan los buenos deseos. En el caso del Año Nuevo, es una muy buena oportunidad para despedir el año anterior y dar la bienvenida al nuevo año.

Existen otras celebraciones importantes como el Día de la Madre, el Día del Padre y el Día de los Abuelitos. Estas celebraciones no son feriados oficiales en mi país, pero son de mucha importancia para todas las familias.

Además, existen otro tipo de eventos que conmemoran batallas militares, veteranos de guerra o eventos significativo en la historia de mi país. En estos casos, se realizan ceremonias para recordar estos eventos. Así mismo, hay festivales locales y nacionales en donde se celebra la cultura nacional con bailes, comida y disfraces. Estos festivales son una buena oportunidad para los turistas.

Summary of the Story

The festivals and celebrations in my country are varied. There are national holidays, special dates, and festivals. The most important day in my country is Independence Day. This holiday celebrates the end of the colonial era in my country and the beginning of the new republic. This holiday is observed with many celebrations and events in schools.

Then, Christmas and the New Year are the most famous celebrations. Christmas is a religious celebration of Christian origin. In addition, people celebrate this occasion with family and friends. It is a time where good wishes manifest. In the case of the New Year, it is a very good opportunity to say goodbye to the previous year and welcome the new year.

There are other important celebrations such as Mother's Day, Father's Day, and Grandparents' Day. These celebrations are not official holidays in my country, but they are very important for all families.

In addition, there are other types of events that commemorate military battles, war veterans, or significant events in the history of my country. In these cases, ceremonies are held to remember these events. Likewise, there are local and national festivals where national culture is celebrated with dances, food, and costumes. These festivals are a good opportunity for tourists.

Vocabulary

1. **celebraciones** — celebrations
2. **festivales** — festivals
3. **coloridas** — colorful
4. **alegres** — happy
5. **emocionantes** — exciting
6. **solemnes** — solemn
7. **respetuosas** — respectful
8. **la pasamos muy bien** — we had a great time
9. **día de la independencia** — Independence Day
10. **cada año** — every year
11. **época** — time
12. **colonial** — colonial
13. **república** — republic
14. **típicamente** — typically
15. **semanas** — weeks
16. **dedica** — dedicate
17. **actos** — acts
18. **reconoce** — recognize
19. **historia** — history
20. **diversidad** — diversity
21. **realizan** — perform
22. **tributo** — tribute
23. **legado** — legacy
24. **ancestral** — ancestral
25. **oportunidad** — opportunity
26. **adornar** — decorate
27. **quizá** — maybe
28. **navidad** — Christmas
29. **religioso** — religious
30. **cristiano** — Christian
31. **significado** — meaning
32. **fe** — faith
33. **profunda** — deep
34. **alegría** — joy
35. **felicidad** — happiness
36. **oportunidad** — opportunity
37. **acciones** — actions
38. **necesitada** — needed
39. **buenos deseos** — good wishes
40. **asistir** — assist
41. **año nuevo** — new year
42. **diciembre** — December

43.	**durante este tiempo**	during this time
44.	**despedir**	fire
45.	**bienvenida**	welcome
46.	**por todas partes**	all over
47.	**optimistas**	optimistic
48.	**celebran**	celebrate
49.	**enero**	January
50.	**feriados**	holidays
51.	**nacionales**	nationals
52.	**ampliamente**	widely
53.	**día de la madre**	Mother's Day
54.	**mayo**	may
55.	**flores**	flowers
56.	**regalos**	gifts
57.	**día del padre**	Father's Day
58.	**junio**	June
59.	**abuelitos**	grandparents
60.	**julio**	July
61.	**queridos**	dear ones
62.	**conmemorativas**	commemorative
63.	**evento significativo**	significant event
64.	**batallas militares**	military battles
65.	**veteranos de guerras**	war veterans
66.	**revoluciones**	revolutions
67.	**nacimiento**	birth
68.	**héroe nacional**	National hero
69.	**ocasiones**	occasions
70.	**ceremonias**	ceremonies
71.	**ley oficial**	official law
72.	**trabajadores**	workers
73.	**sueldo**	salary
74.	**típicas**	typical
75.	**normalmente**	usually
76.	**fiesta local**	local party
77.	**cultura**	culture
78.	**folclor**	folklore
79.	**evidente**	evident
80.	**bailes**	dances
81.	**disfraces**	costumes
82.	**turista**	tourist
83.	**maravilla**	wonder

Questions About the Story

1. ¿Qué es un feriado?

    a. Es un día nuevo

    b. En un día libre

    c. Es un día malo

    d. Es un día fuerte

2. ¿Cuál es una celebración muy importante?

    a. Año viejo

    b. Año bueno

    c. Año nuevo

    d. Año feliz

3. ¿Qué es la Navidad?

    a. Es una celebración militar

    b. Es una celebración nueva

    c. Es una celebración clara

    d. Es una celebración religiosa

4. ¿Qué tipo de eventos se conmemoran?

    a. Eventos históricos

    b. Eventos novedosos

    c. Eventos sociales

    d. Eventos interesantes

5. ¿Qué se celebra en un festival?

    a. La cultura interesante

b. La cultura nacional

c. La cultura espacial

d. La cultura divertida

Answers

1. B
2. C
3. D
4. A
5. B

Chapter Fifteen

The Weather in My City — El clima de mi ciudad

Cuando las personas me **preguntan** por el **clima** en mi ciudad, siempre **desean** saber si es **cálido** o **frío**. La verdad es que el clima en mi ciudad es **templado**, es decir, no es ni frío ni cálido. La mayoría del año, la **temperatura** de mantiene entre **diez** y **veinte** grados. Esto hace del clima muy agradable. Hay días son que un poco fríos, y hay otros que son cálidos.

En el **verano**, el clima **rebasa** los treinta **grados**. Esto quiere decir que los días son muy cálidos. Es un bonito cambio porque se puede ir a la playa y disfrutar de un lindo día **soleado**. Pero, cuando hace calor por muchos días **consecutivos**, también es **desesperante**, sobre todo, en las noches. No me gusta el calor en la noche ya que es difícil **dormir** así.

En el **otoño**, el clima se pone frío y hace mucho **viento**. Los días **nublados** con comunes. También **llueve** un poco. Los **días lluvioso** de otoño son ideales para pasar en casa con un buen libro y una **taza de café**. Aunque la temperatura baja, aun se pueden hacer muchas actividades al **aire libre**. Se puede **correr**, salir en **bicicleta** y hacer deporte. El otoño es mi **estación** favorita del año.

En el **invierno**, la temperatura cae por **debajo** de los diez grados. La nieve no es usual en mi ciudad. **De hecho, causa** gran alegría entre los niños cuando cae nieve. Los niños juegan en sus casas, o en la escuela, cuando hay nieve. Usualmente, la nieve **tarda** dos o tres días. Son días muy alegres para todos los niños.

Cuando pasa el invierno, viene la **primavera**. Esta época de **caracteriza** por días más cálidos, pero con mucha **lluvia**. Esto es bueno porque la lluvia ayuda a **florecer** a todas las **plantas**. Los árboles se ponen verdes y crece el **césped**. Es un poco incómoda hacer ejercicio al aire libre ya que llueve bastante.

También es muy común ver a personas en la playa, **acampar en el bosque**, o simplemente practicar deportes al aire libre. Parece que la vida vuelve una vez termina el invierno. El **optimismo** vuelve a la ciudad.

Personalmente, disfruto muchísimo los días soleados, pero no muy cálidas. No me gusta el clima muy frío. **Tampoco** me gusta el clima nublado y **brumoso**. Cuando hay bruma, es difícil ver. Además, el día luce triste. Me gusta cuando el día luce alegre y con mucho optimismo.

Tenemos una playa muy grande cerca de mi ciudad. Debemos **andar** unas dos horas en auto para **llegar** a la playa. Está bien porque podemos ir y **regresar** en el mismo día. Es divertido pasar tiempo en la playa. La temperatura es un poco más cálida en la playa. Aunque, sí hace frío en el invierno. Tengo amigos que les gusta la playa en invierno. Es divertido porque puedes **apreciar** el **mar** y caminar sobre la **arena**. Pero el agua está muy fría. Entonces, no es buena idea **meterse** en el agua a nadar.

Y tú, ¿cómo es el clima en tu ciudad? ¿Cómo es en tu país? ¿Vives es un país cálido o frío?

Si vives en un país cálido, seguramente tienes buen clima todo el año. No debes **preocuparte** por el frío o la nieve. Si vives en un país frío, creo que debes tener cuidado con el invierno. Lo mejor de cada estación del año es que puedes hacer diferentes actividades. Cuando hay nieve, puedes hacer actividades del invierno. Por ejemplo, **patinar sobe hielo** es muy divertido.

La única época en donde no puedes hacer mucho es durante la época lluviosa. En esta época debes permanecer adentro. La lluvia no te permite hacer mucho. **A menos** que disfrutes correr bajo el agua, realmente no se puede hacer mucho cuando llueve fuerte. Estos días son para **permanecer** en casa, viendo televisión, o bien, **leyendo un buen libro**.

Todos los países tienen un clima diferente. Por eso debes disfrutar el clima de tu país, o tu ciudad, al **máximo**. Seguramente conoces muchas actividades divertidas por hacer. Si algún día visito tu país, espero disfrutarlo de la misma manera que tú lo haces. Creo que eso **será** una linda experiencia para mí, y para todos.

Resumen de la historia

El clima en mi ciudad no es cálido ni frío. El clima es templado. La temperatura se mantiene entre diez y veinte grados. Por lo regular, hace buen clima. Hay días soleados y algunos días nublados. Puedo hacer muchas actividades al aire libre especialmente durante el verano y el otoño.

En mi país, se observan las cuatro estaciones, invierno, primavera, verano y otoño. Mi estación favorita es el otoño. Disfruto el verano, pero no me gusta cuando hace mucho calor en el verano porque no puedo dormir en las noches. Lo mejor del verano y es ir a la playa que está cerca de mi ciudad.

En el invierno hace un poco de frío. También cae nieve, aunque no es mucha. Los niños son felices cuando hay nieve porque pueden jugar en sus casas o en la escuela. La nieve dura unos dos o tres días. Esto hace muy felices a los niños.

En la primavera llueve mucho. Esto es bueno para las plantas, pero no me gusta porque no puedo hacer muchas cosas al aire libre. Los días nublados y lluviosos son buenos para estar en casa, ver la televisión y leer un buen libro. Los días lluviosos y brumosos lucen muy tristes.

Summary of the Story

The weather in my city is neither hot nor cold. The weather is warm. The temperature usually stays between ten and twenty degrees. It usually has good weather. There are sunny days and some cloudy days. I can do many outdoor activities, especially during summer and fall.

In my country, the four seasons are can be seen—winter, spring, summer, and autumn. My favorite season is autumn. I enjoy summer, but I don't like it when it is very hot in the summer because I can't sleep at night. The best thing about summer is going to the beach that is close to my city.

In the winter, it is a bit cold. Snow also falls, although it is not much. Children are happy when there is snow because they can play at home or at school. The snow lasts about two or three days. This makes the children very happy.

In the spring, it rains a lot. This is good for plants, but I don't like it because I can't do many things outdoors. Cloudy and rainy days are good for being at home, watching TV, and reading a good book. Rainy and foggy days look very sad.

Vocabulary

1. **preguntan** — they ask
2. **clima** — weather
3. **desean** — wish
4. **cálido** — warm
5. **frío** — cold
6. **templado** — temperate
7. **temperatura** — temperature
8. **diez** — ten
9. **veinte** — twenty
10. **verano** — summer
11. **rebasa** — exceeds
12. **grados** — degrees
13. **soleado** — sunny
14. **consecutivos** — consecutive
15. **desesperante** — maddening
16. **dormir** — sleep
17. **otoño** — autumn
18. **viento** — wind
19. **nublados** — overcast
20. **llueve** — rains
21. **días lluvioso** — rainy days
22. **taza de café** — cup of coffee
23. **aire libre** — fresh air
24. **correr** — run
25. **bicicleta** — bike
26. **estación** — station
27. **invierno** — winter
28. **debajo** — under
29. **de hecho** — in fact
30. **causa** — cause
31. **tarda** — it takes
32. **primavera** — spring
33. **caracteriza** — characterizes
34. **lluvia** — rain
35. **florecer** — to flourish
36. **plantas** — plants
37. **césped** — grass
38. **acampar en el bosque** — camp in the woods
39. **optimismo** — optimism
40. **tampoco** — neither
41. **brumoso** — misty
42. **andar** — walk
43. **llegar** — reach

44. **regresar** — to return
45. **apreciar** — to appreciate
46. **mar** — sea
47. **arena** — sand
48. **meterse** — get in
49. **preocuparte** — worry you
50. **patinar sobe hielo** — ice skating
51. **a menos** — unless
52. **permanecer** — stay
53. **leyendo un buen libro** — reading a good book
54. **máximo** — maximum
55. **será** — will be

Questions About the Story

1. ¿Cómo es el clima de mi ciudad?

    a. Ni frío, ni caliente

    b. Extremadamente frío

    c. Muy cálido en verano

    d. No es muy cálidos

2. ¿Cuál es mi estación favorita?

    a. La estación del tren

    b. La estación de radio

    c. El otoño

    d. La primavera

3. ¿Por qué son malos los días lluviosos?

    a. Porque se destruye la ciudad

    b. Porque se compran autos

    c. Porque no puedo comer nada

    d. Porque no puedo salir a jugar

4. ¿Qué pasa en el invierno?

    a. Los niños juegan afuera

    b. Los adultos no trabajan

    c. Hace frío y cae nieve

    d. No hace calor ni lluvia

5. ¿Qué pasa con los niños cuando neva?

    a. Los niños juegan afuera

b. Los adultos no trabajan

c. Hace frío y cae nieve

d. No hace calor ni lluvia

Answers

1. A
2. C
3. D
4. C
5. A

Chapter Sixteen

My Favorite Colors — Mis colores favoritos

La vida está **llena** de colores. Algunos colores son más **fuertes** que otros. Otros colores son más **oscuros**. Algunos otros son más alegres. Otros son más **discretos**. En realidad, la vida está llena de toda clase de **tonalidades** y de **sombras**. Sin los colores, la vida sería muy **aburrida** y sin sentido.

De todos los colores en el mundo, es difícil **escoger** solo uno. Muchas personas me preguntan: ¿cuál es tu color favorito? Pero es muy difícil escoger solo uno. **Quizá** una mejor pregunta sería, ¿cuáles son **tus** colores favoritos? A esa pregunta sí tengo una **respuesta**.

Primero, uno de mis colores favoritos es el **azul**. Este color lo puedo combinar con mi **ropa**, mis **zapatos**, y prácticamente cualquier otra cosa. Mi auto es azul. Pero, mi casa es celeste. **Celeste** es una tonalidad de azul, es mucho más claro que el azul. De hecho, se dice que el **cielo** es celeste. Es un color hermoso que representa mucha **paz** y **libertad**.

Luego, otro de los colores que me encanta es el **verde**. El verde me inspira mucha **tranquilidad**. **Creo** que es un color que va con cualquier cosa. Se ve bien en la ropa, en una casa, en un auto y, **por supuesto**, en la comida. El verde representa tantas cosas a la vez. Existen muchas tonalidades de verde, pero creo que la tonalidad que mejor me representa es el **verde olivo**. Es un color muy bonito.

Así mismo, uno de los colores que tanto me gusta es el **marrón**. Algunas personas también le llaman "café". El marrón es un color **neutro**, es decir, no es el tipo de color que **resalta**. Es un color que **sirve** de **base** para **combinarse** con otros colores. Por ejemplo, puedes usar **pantalones** marrones con una **chaqueta** azul. Esta combinación se ve bien, es **elegante**, se puede usar tanto en una situación formal como en una situación casual.

Otro de los colores que me **fascina** es el **blanco**. El color blanco no es muy popular porque es muy delicado. Cuando se dice que es delicado, es porque fácilmente se **ensucia** o se **mancha**. Pero es un color muy elegante. Me gustan mucho las **camisetas** blancas. Aunque no me gustan las **medias** blancas, sí me parece genial usar una camiseta blanca con **vaqueros** oscuros. Creo que esta es una muy buena combinación en cualquier lugar que vaya.

Finalmente, creo que el color que más uso en mi ropa es el negro. Muchas personas no usan el color negro porque lo **asocian** con el **duelo**, es decir, cuando una persona muere. Es cierto, se usa este color cuando una persona ha **muerto**. Pero en realidad, es un color muy elegante si se usa adecuadamente. Tengo pantalones, vaqueros y chaquetas negras. Esta ropa se ve bien en **cualquier** ocasión. El único problema con el color negro es cuando hace mucho calor. El color negro siempre **absorbe** más calor.

Mis colores favoritos no son los únicos colores que existen. Por ejemplo, está el **rosa**. El color rosa es usualmente asociado con un toque femenino. Si bien los hombres también pueden usar este color, es mucho más común **verlo** en las mujeres.

Estos son algunos colores que también son populares: **gris**, **rojo**, **amarillo**, **morado** y **naranja**. Todos estos colores se ven por todas partes. El color muchas veces depende del artículo. En el caso de los autos, los autos amarillos y rojos son más exóticos. Pero, el rojo no es un color usado para **pintar** una casa. Una habitación usualmente es pintada de blanco, o un color claro como celeste o un verde **claro**.

En definitiva, la vida es mucho más bonita cuando está llena de colores. No importa cuál es tu color favorito. Lo que importa es que uses el color que más te gusta. Cuando usas colores que te gustan, **sientes** la vida mucho más alegre. Sin estos colores, la vida es más triste. Personalmente, mis colores favoritos siempre me **motivan** a trabajar, estudiar, o simplemente pasarla bien. En mi casa, tengo todos los colores que más me gustan. De esa manera, **me puedo** sentir **a gusto** en mi casa. Puedo sentir la **comodidad** de tener el espacio que a mí me gusta tanto.

Resumen de la historia

La vida está llena de colores. No puedo escoger un solo color ya que me gustan todos los colores. Pero, en particular, hay algunos colores que me hacen sentir mejor que otros. El color que más me gusta usar es el azul. Mi ropa y mi auto son de color azul. Creo que la tonalidad más bonita del azul es el celeste. El cielo es celeste.

Otros colores que me gustan son el verde. El verde olivo es mi tonalidad favorita. El verde es un color que se puede utilizar en cualquier situación. Me da mucha tranquilidad usar verde. El marrón, también conocido como café, es uno de los colores que más me gustan. Es un color neutro y se puede combinar con muchos otros colores.

El blanco es un color que tanto me gusta. Aunque el blanco se puede manchar fácilmente, es un color que va con cualquier ropa. De igual manera, me gusta mucho usar el negro. Muchas personas piensan que el color negro es muy triste porque se usa cuando una persona muere. Pero creo que es un color elegante.
Otros colores que se pueden usar son el rojo, amarillo, morado, naranja y gris. Estos colores son populares y se pueden ver en todas partes.

Summary of the Story

Life is full of colors. I cannot choose a single color since I like all the colors. But in particular, there are some colors that make me feel better than others. The color I like to wear the most is blue. My clothes and car are blue. I think the prettiest shade of blue is light blue. The sky is light blue.

Another color that I like is green. Olive green is my favorite hue. Green is a color that can be used in any situation. It gives me a lot of peace to wear green. Brown, also known as "coffee," is one of the colors that I like the most. It is a neutral color and can be combined with many other colors.

White is a color that I like so much. Although white can be easily stained, it is a color that goes with any clothing. Similarly, I really like to wear black. Many people think that black is very sad because it is used when a person dies. But I think it is an elegant color.

Other colors that can be used are red, yellow, purple, orange, and gray. These colors are popular and can be seen everywhere.

Vocabulary

1. **llena** — full
2. **fuertes** — strong
3. **oscuros** — dark
4. **discretos** — discreet
5. **tonalidades** — hues
6. **sombras** — shades
7. **aburrida** — boring
8. **escoger** — choose
9. **quizá** — maybe
10. **tus** — your
11. **respuesta** — answer
12. **azul** — blue
13. **ropa** — clothing
14. **zapatos** — shoes
15. **celeste** — light blue
16. **cielo** — sky
17. **paz** — peace
18. **libertad** — freedom
19. **verde** — green
20. **tranquilidad** — tranquility
21. **creo** — I think
22. **por supuesto** — of course
23. **verde olivo** — olive green
24. **marrón** — brown
25. **neutro** — neutral
26. **resalta** — stand out
27. **sirve** — it serves
28. **base** — base
29. **combinarse** — combine
30. **pantalones** — pants
31. **chaqueta** — jacket
32. **elegante** — elegant
33. **fascina** — fascinates
34. **blanco** — white
35. **ensucia** — dirty
36. **mancha** — stain
37. **camisetas** — t-shirts
38. **medias** — socks
39. **vaqueros** — jeans
40. **asocian** — associate
41. **duelo** — duel
42. **muerto** — dead
43. **cualquier** — any

44. **absorbe** — absorbs
45. **rosa** — pink
46. **verlo** — see him
47. **gris** — gray
48. **rojo** — red
49. **amarillo** — yellow
50. **morado** — purple
51. **naranja** — orange
52. **pintar** — paint
53. **claro** — clear
54. **sientes** — you feel
55. **motivan** — motivate
56. **me puedo** — I can
57. **a gusto** — satisfied
58. **comodidad** — comfort

Questions About the Story

1. ¿Cuál es mi color favorito?

    a. El azul

    b. El rojo

    c. No tengo

    d. No quiero

2. ¿Qué color es mi auto?

    a. Amarillo

    b. Verde

    c. Rojo

    d. Azul

3. ¿Qué pasa con el color blanco?

    a. Se cambia difícilmente

    b. Se mancha fácilmente

    c. Se vuelve ampliamente

    d. Se desarrolla rápidamente

4. ¿Por qué es triste el negro?

    a. Se usa cuando hay problemas

    b. Se usa cuando hay desastres

    c. Se usa cuando una persona muere

    d. Se usa cuando no se sabe que hacer

5. ¿Por qué es bonito el marrón?

    a. Tiene varias tonalidades

b. Se puede combinar con todo

c. No se entiende el color

d. Es importante hacer algo

Answers

1. C
2. D
3. B
4. C
5. B

Chapter Seventeen

My Best Friends — Mis mejores amigos

Soy muy **afortunada** de tener amigos tan maravillosos. Tengo muchos amigos por todas **partes**: en el trabajo, en mi **vecindario**, en la universidad y en el gimnasio. Todos mis amigos son amables, **serviciales** y atentos conmigo. **Frecuentemente**, salimos a comer, vamos al cine o tenemos una reunión para cenar. Todos mis amigos tienen **cualidades** que los hace **excepcionales**.

Aunque es cierto que tengo muchos amigos, solamente tengo tres amigos que considero mis mejores amigos.

Primero, está Pamela. Tengo muchos años de ser amiga de Pamela. Nos conocemos desde hace muchos años. Pamela y yo tenemos la misma edad... **veintisiete** años. Ella es una chica tan **linda**. Ella es amable, **cariñosa** y siempre está dispuesta a ayudarme cuando tengo algún problema. Con ella, nunca tenemos **discusiones** ni **peleas**. Cuando tenemos alguna **diferencia de opinión**, siempre encontramos alguna manera de resolver nuestras diferencias.

Pamela es alta, **atlética** y muy dedicada a su trabajo. Ella trabaja como **diseñadora** para una empresa de **construcción**. Es **verdaderamente** muy talentosa. Sus diseños son increíbles. Realmente tiene muy buen gusto para la decoración. Nos llevamos muy bien porque vamos juntas al gimnasio **prácticamente** todos los días.

Luego, está Javier. Javier es un chico muy especial. Tiene veintiséis años. Él es un **compañero** de la universidad. Tenemos tres años de conocernos. En este tiempo se ha convertido en uno de mis mejores amigos. Se puede decir que **hacemos** "clic". Él es amable y muy cariñoso. Pero también es fuerte y decidido. Él también es muy protector. Siempre que salimos, él se asegura de que nada nos pase.

No cabe duda de que Javier es un chico muy alegre. Siempre cuenta chistes y les encuentra el lado positivo a las cosas. En definitiva, **nos llevamos muy bien**. Me encanta su forma tan optimista de ver la vida. Creo que somos muy **parecidos**.

Mi otra mejor amiga es Carla. Carla es una compañera de trabajo. Con ella, tenemos más de cuatro años de trabajar juntas. Nos conocemos muy bien. Ella y yo trabajamos en el mismo departamento, pero hacemos trabajos diferentes. Ella es **contadora** y yo estoy encargada de **gestionar** las compras de la empresa. En muchas ocasiones, tenemos que trabajar juntas. Incluso, tenemos que viajar para visitar **clientes** y **proveedores**.

Carla es una chica **extraordinaria**. Ella tiene veinticuatro años, pero **actúa** muy madura para su edad. Siempre tiene un consejo muy útil para cualquier situación. Yo sé que puedo contar con ella cuando tengo un problema. Ella siempre tiene una buena idea que podemos poner en práctica. Ella es muy **inteligente** y **analítica**. Creo que estas dos cualidades son muy importantes para el trabajo que ella realiza.

Pamela, Javier y Carla son mis mejores amigos. Sé que puedo contar con ellos cuando tengo necesidad de un **consejo**, el apoyo de un amigo, o simplemente alguien para escuchar. Pero no siempre el apoyo es para mí. Yo estoy feliz de apoyarlos cuando ellos me necesitan. Cuando ellos tienen necesidad de mí, saben que pueden contar conmigo. Ellos saben que tienen una amiga **incondicional** en mí.

Le tengo mucho aprecio y cariño a todos mis amigos. No sé qué **haría** sin mis amigos. Pero mis mejores amigos son mi **fuerza**. Ellos me **acompañan** cuando más necesito a un amigo. A menudo, los cuatro nos apoyamos. No importa quien tiene necesidad de ayuda; siempre estamos ahí para darnos apoyo, cariño y buenos consejos.

Y cuando se trata de pasarla bien... ¡también estamos ahí! Pronto, nos **iremos** de vacaciones. Yo quiero ir a la playa a pasar unos días bajo el sol. Javier quiere ir a practicar **montañismo**. Y, Pamela y Carla simplemente quieren pasarla bien. Creo que ya tenemos buenos planes para nuestras vacaciones. La vamos a pasar muy bien. Estoy segura de que nuestras vacaciones serán alucinantes. Vamos a pasarla de maravilla.

¿Quiénes son tus mejores amigos? Si tus amigos son tan especiales como los míos, entonces eres una persona muy afortunada. Cuida mucho de tus amigos. Los amigos son mucho más valiosos que cualquier otra cosa en la vida.

Resumen de la historia

Tengo muchos amigos. Tengo amigos en el trabajo, la universidad y el gimnasio. Todos mis amigos son muy especiales conmigo. Siempre tengo amigos con quienes salir, ir al cine y pasarla bien. Todos mis amigos son excepcionales.
Pero mis mejores amigos son Pamela, Javier y Carla.

Tengo muchos años de conocer a Pamela. Ella es muy atlética y tiene la misma edad que yo... veintisiete años. Vamos juntas al gimnasio. Nos gusta hacer ejercicio. Ella es una chica muy linda. Por eso es que ella es mi mejor amiga.

Javier es mi mejor amigo de la universidad. Tenemos tres años de estudiar juntos. Él tiene veintiséis años. Es un chico muy amable, pero también es muy protector. Él siempre se dedica a cuidarnos cuando salimos juntos. Es divertido y muy optimista.

Luego, Carla es mi mejor amiga en el trabajo. Trabajamos en el mismo departamento juntas. Ella es contadora y yo soy la encargada de las compras de la empresa. Algunas veces, debemos viajar juntas por trabajo.

Mis amigos son increíbles, pero yo también soy lo mejor para ellos. Hago mi mejor esfuerzo por ser una amiga, apoyo y ayudarles todas las veces que lo necesitan. Soy muy afortunada de tener amigos tan maravillosos.

Summary of the Story

I have many friends. I have friends at work, university, and the gym. All my friends are very special to me. I always have friends with whom I go out, go to the movies, and have a good time. All my friends are exceptional.

But my best friends are Pamela, Javier, and Carla.

I have known Pamela for many years. She is very athletic and is the same age as me—twenty-seven years old. We go to the gym together. We like to exercise. She is a very pretty girl. That's why she is my best friend.

Javier is my best friend from the university. We have been studying together for three years. He is twenty-six years old. He is a very kind boy, but he is also very protective. He always takes care of us when we go out together. It is fun and very optimistic.

Then, Carla is my best friend at work. We work in the same department together. She is an accountant, and I am in charge of the company's purchases. Sometimes, we must travel together for work.

My friends are amazing, but I am also the best for them. I do my best to be a friend, support and help them all the times they need it. I am very lucky to have such wonderful friends.

Vocabulary

1. **afortunada** — lucky
2. **partes** — parts
3. **vecindario** — neighborhood
4. **serviciales** — helpful
5. **Frecuentemente** — frequently
6. **cualidades** — qualities
7. **excepcionales** — exceptional
8. **veintisiete** — twenty-seven
9. **linda** — cute
10. **cariñosa** — loving
11. **discusiones** — discussions
12. **peleas** — fights
13. **diferencia de opinión** — difference of opinion
14. **atlética** — athletic
15. **diseñadora** — designer
16. **construcción** — building
17. **verdaderamente** — truly
18. **prácticamente** — practically
19. **compañero** — companion
20. **hacemos** — we make
21. **nos llevamos muy bien** — we get along really good
22. **parecidos** — similar
23. **contadora** — accountant
24. **gestionar** — manage
25. **clientes** — customers
26. **proveedores** — suppliers
27. **extraordinaria** — extraordinary
28. **actúa** — act
29. **inteligente** — smart
30. **analítica** — analytics
31. **consejo** — advice
32. **incondicional** — unconditional
33. **haría** — would do
34. **fuerza** — strength
35. **acompañan** — accompany
36. **iremos** — we'll go
37. **montañismo** — mountaineering

Questions About the Story

1. ¿Cuántos mejores amigos tengo?

    a. Uno

    b. Dos

    c. Tres

    d. Cuatro

2. ¿Quiénes son mis mejores amigos?

    a. Javier y Claudia

    b. Javier y Pamela

    c. Pamela y Carolina

    d. Pamela y José

3. ¿Cuánto tiempo tengo de conocer a Pamela?

    a. Muchos años

    b. Pocos días

    c. Algún tiempo

    d. Hace meses

4. ¿Cuántos años tiene Javier?

    a. Veinticuatro

    b. Veinticinco

    c. Veintiséis

    d. Veintisiete

5. ¿Qué hago por mis amigos?

    a. Soy amable y cariñosa

b. Soy fuerte y agresiva

c. Soy interesante y buena

d. Soy amigable y corriente

Answers

1. C
2. B
3. A
4. C
5. A

Chapter Eighteen

When Is Your Birthday? — ¿Cuándo es tu cumpleaños?

Nuestro **cumpleaños** es el día en que **nacemos**. Para algunas personas, es un día muy especial. Este día está lleno de celebraciones, **regalos** y tiempo con familia y amigos. Esto hace de los cumpleaños una ocasión muy especial que **ocurre** cada año. Para otras personas, un cumpleaños es una ocasión más **sencilla**. No les gusta celebrar su cumpleaños porque cada año cumplen más y más años... pero de igual manera, es un día muy especial para todas las personas.

El cumpleaños se da una vez cada año. Esta celebración ocurre en uno de los meses del año. Los meses son **enero, febrero, marzo, abril, mayo, junio, julio, agosto, septiembre, octubre, noviembre** y **diciembre**. Dependiendo el mes de **nacimiento**, ese será el mes del cumpleaños. Así mismo, una persona nace en un día del mes. Unos meses tienen **treinta** días y otros tienen **treinta y un** días. Solo el mes de febrero es especial porque tiene **veintiocho** días.

Una celebración de cumpleaños típicamente es una fiesta. Esta fiesta puede ser muy grande con muchos **invitados**, música y regalos, o puede ser una fiesta más pequeña con algunos invitados y poca comida. De igual manera, el **cumpleañero** recibe toda la atención de sus amigos, familia e invitados. Es América, es costumbre dar un regalo al cumpleañero en su fiesta. Regularmente, este regalo es un artículo que se le gusta al cumpleañero o quizá algo de **utilidad**.

Un elemento **sumamente** importante que no puede faltar en una celebración de cumpleaños es el pastel. El **pastel** es lo más importante en una celebración de cumpleaños. Cuando el cumpleañero recibe su pastel, debe **apagar las velas**. Cuando apaga las velas, debe **pedir un deseo**. Pero, es importante no decir el deseo ya que si dice cual es el deseo, éste no se cumplirá.

En el pastel se coloca una vela por cada año que cumple el cumpleañero. Pero, si cumple muchos años, entonces se colocan unas cuantas velas nada más. Algunas personas **colocan** velas con los números de la edad del cumpleañero. Es una manera más práctica de **representar** la **edad** del cumpleañero. Hay algunos cumpleañeros que no les gusta decir su edad.

Para los niños, las celebraciones de cumpleaños son muy especiales. En muchos países de Latinoamérica, se acostumbra a romper una **piñata**. Una piñata es un objeto que tiene forma de algún **animal**, o bien, un **superhéroe** o cualquier otro objeto. Las piñatas están llenas de dulces o juguetitos. Luego, el cumpleañero pasa al frente a romper la piñata. Esto lo hace con un **palo de madera**. El cumpleañero debe **pegarle** a la piñata hasta romperla. De ahí, todos los niños corren a recoger los dulces. Usualmente, todos los niños presentes en la fiesta de cumpleaños tienen una oportunidad de romper la piñata. Los niños más pequeños van primero y los más grandes van de último.

Las piñatas no se **acostumbran** en las celebraciones de adultos. Cuando es una celebración de adultos, es costumbre beber un trago de alguna **bebida alcohólica** para **brindar** en **honor** al cumpleañero. La bebida más común para brindar es la champaña. La **champaña** se bebe después de decir "¡salud!" También es costumbre que el mejor amigo, o un familiar cercano, diga unas palabras especiales antes de brindar. Usualmente, estas palabras incluyen **buenos deseos** para el cumpleañero.

En cuanto a regalos, es usual regalar juguetes o ropa para un niño. Muchas personas prefieren regalar un libro o un **rompecabezas** a los niños. Estas personas creen que es mejor un regalo educativo que un juguete. Esto ayudará al niño en la escuela o a aprender cosas nuevas.

Para un adulto, los regalos dependen del tipo de relación. Por ejemplo, entre amigos es usual darse regalos como ropa, **gorras**, lentes, **relojes** o libros. De un padre hacia un hijo, es costumbre regalar algo que el padre sabe que le gusta a su hijo o hija. De igual manera, un hijo le puede dar a su padre un regalo que le gusta. Para una madre, las flores son muy comunes además de un regalo como ropa, perfume o joyas.

Cuando alguien no sabe que regalar a un amigo, hermano o quizá a un compañero de trabajo, existe la **opción** conocida como un **certificado de regalo**. Un certificado de regalo es un documento que es válido por una cantidad de dinero.

Esta cantidad de dinero se puede **canjear** en una tienda específica, o bien, para compras en línea. Con esto, el cumpleañero puede comprar lo que quiere.

En conclusión, el cumpleaños de una persona es una ocasión muy especial. En definitiva, es difícil encontrar el regalo **perfecto** más no es imposible. Pero con esfuerzo y un poco de inteligencia, se puede encontrar una buena opción para agradar al cumpleañero. Solamente es cuestión de investigar un poco.

Resumen de la historia

Cuando una persona cumple años, se acostumbra a realizar una celebración especial para celebrar la ocasión. Se cumple años solamente una vez al año, es por ello que esta ocasión es especial para todas las personas. Algunas personas les gusta celebrar en grande mientras que otras personas prefieren celebrar un poco más tranquilamente.

Cuando la celebración es para un niño, se acostumbra a hacer una fiesta con un gran pastel y una piñata. Las piñatas están usualmente llenas de dulces. Pero, también pueden contener juguetitos. El cumpleañero debe romper la piñata y los demás niños recogen los dulces. Todos los niños tienen una oportunidad de romper la piñata.

En el caso de fiestas para adultos, es común celebrar con alguna bebida alcohólica. Comúnmente, se consume champaña para brindar a la salud del cumpleañero. En el momento de brindar, una persona muy especial en la vida del cumpleañero dice algunas palabras especiales para la ocasión. Luego, todos dicen "¡salud!" y beben.

Otra tradición es apagar las velas. Cuando el cumpleañero apaga las velas, debe pedir un deseo. Pero, debe tener cuidado de no decir el deseo. De lo contrario, no se cumplirá. Otra parte de un cumpleaños es elegir el regalo perfecto. Los regalos dependen de la persona. Si el cumpleañero es un niño, se acostumbra a regalar un juguete o un libro. Si es un adulto, los regalos pueden variar. Algunas personas prefieren regalar un certificado de regalo. De esa cuenta, el cumpleañero puede comprar cualquier cosa que le gusta.

Summary of the Story

When it is a person's birthday, it is customary to hold a special celebration to celebrate the occasion. It is a person's birthday only once a year; that is why this occasion is special for all people. Some people like to celebrate big, while other people prefer to celebrate a little more quietly.

When the celebration is for a child, it is customary to have a party with a big cake and a piñata. Piñatas are usually full of candy. But, they can also contain toys. The birthday boy or girl must break the piñata, and the other children collect the candy. All children have a chance to break the piñata.

In the case of parties for adults, it is common to celebrate with an alcoholic beverage. Commonly, champagne is consumed to provide good wishes to the birthday boy or girl. At the time of toasting, a very special person in the birthday boy or girl's life says some special words for the occasion. Then everyone says "cheers!" and they drink.

Another tradition is to blow out the candles. When the birthday boy or girl blows out the candles, they must make a wish. But, they must be careful not to say the wish. Otherwise, it will not come true. Another part of a birthday celebration is choosing the perfect gift. Gifts depend on the person. If the occasion is for a child, they usually get a toy or a book as a present. If it is an adult, gifts may vary. Some people prefer to give a gift certificate. In that case, the birthday boy or girl can buy anything they like.

Vocabulary

1. **cumpleaños** — birthday
2. **nacemos** — we are born
3. **regalos** — gifts
4. **ocurre** — it happens
5. **sencilla** — simple
6. **enero** — January
7. **febrero** — February
8. **marzo** — March
9. **abril** — April
10. **mayo** — may
11. **junio** — June
12. **julio** — July
13. **agosto** — August
14. **septiembre** — September
15. **octubre** — October
16. **noviembre** — November
17. **diciembre** — December
18. **nacimiento** — birth
19. **treinta** — thirty
20. **treinta y un** — thirty-one
21. **veintiocho** — twenty-eight
22. **invitados** — guests
23. **cumpleañero** — birthday boy
24. **utilidad** — utility
25. **sumamente** — extremely
26. **pastel** — cake
27. **apagar las velas** — blow out the candles
28. **pedir un deseo** — make a wish
29. **colocan** — place
30. **representar** — represent
31. **edad** — age
32. **piñata** — piñata
33. **animal** — animal
34. **superhéroe** — super hero
35. **palo de madera** — wooden stick
36. **pegarle** — hit him
37. **acostumbran** — get used
38. **bebida alcohólica** — alcoholic beverage
39. **brindar** — toast
40. **honor** — honor
41. **champaña** — champagne
42. **buenos deseos** — good wishes

43. **rompecabezas** puzzle
44. **gorras** hats
45. **relojes** watches
46. **opción** option
47. **certificado de regalo** gift certificate
48. **canjear** exchange
49. **perfecto** perfect

Questions About the Story

1. ¿Por qué es especial un cumpleaños?

    a. Porque es un día libre siempre

    b. Porque es el día que nacemos

    c. Porque es el día de mis amigos

    d. Porque es un día sin trabajo

2. ¿Cuándo es tu cumpleaños?

    a. Todos los meses

    b. Cada fin de semana

    c. Una vez al año

    d. Cada dos años

3. ¿De qué está llena una piñata?

    a. Comida

    b. Carritos

    c. Divertido

    d. Dulces

4. ¿Qué se dice a la hora de brindar?

    a. Bueno

    b. Suerte

    c. Amor

    d. Salud

5. ¿Cuál es una tradición de cumpleaños?

    a. Apagar las velas

b. Apagar el pastel

c. Apagar la comida

d. Apagar los regalos

Answers

1. B
2. C
3. D
4. D
5. A

Chapter Nineteen

The Best Family in the World — La mejor familia del mundo

Tengo la **mejor** familia del mundo. Mi familia no es muy grande; **de hecho**, es **relativamente** pequeña. Pero **no cabe duda** de que es la mejor familia de todas. Yo **sé** que todas las familias son especiales, pero la mía es mejor que cualquier otra.

¿Porqué?

Buena pregunta.

Para empezar, somos cinco personas en mi familia. Está mi **padre**, Guillermo. Él es médico. Él trabaja en un hospital. Su trabajo es muy fuerte. Siempre está **atendiendo** personas enfermas o heridas. Es muy bueno en su trabajo. Por eso es que las personas lo buscan cuando necesitan ayuda. Muchas veces, trabaja noches y fines de semana. Él es muy **dedicado** a su trabajo.

Pero también es una persona muy **alegre** y **divertida**. Él siempre tiene algo interesante que contar. Con respecto a alguna característica **negativa**, puedo decir que mi padre es **estricto** y **exigente**. Siempre nos dice a mis hermanos y a mí que debemos ser buenos estudiantes. Nos exige buenas notas en nuestros exámenes. A veces es un poco molesto, pero sé que lo hace por nuestro bien.

Luego, está mi **madre**, Sofía. Ella es muy **tierna** y **cariñosa**. Siempre nos cuida y consiente cuando estamos mal o tenemos algún problema. Ella no nos deja **sufrir**. Siempre busca la mejor manera de **hacernos sentir mejor**. Ella trabaja en una empresa como gerente de recursos humanos. Tiene un trabajo menos exigente que el de mi padre.

Mi madre también es estricta. Ella espera lo mejor de nosotros. Estamos **conscientes** de que ella nos exige **buen comportamiento** porque es lo mejor para nosotros. Nos habla y nos dice cosas positivas. Siempre que tenemos alguna dificultad, ella nos da ánimo para seguir adelante.

De ahí, están mis hermanos. Mi hermano mayor, Carlos, es **deportista**. Él tiene dieciséis años y juega en el equipo de basquetbol de mi escuela. También juega tenis los fines de semana. Yo creo que le gusta más el tenis que el basquetbol. También es muy popular en la escuela. Tiene muchos amigos. Además, es muy popular con las chicas. Todo el mundo quiere estar **cerca** de él.

Al igual que sus **cualidades** positivas, también tiene cualidades negativas. Algunas veces puede ser **brusco**, es decir, me **empuja** o me **grita**. Yo sé que me quiere y jamás me **lastimaría**. Creo que esa es simplemente la relación normal entre hermanos.

Mi hermana, Laura, es muy **bonita**. Es una chica super inteligente. Siempre saca las mejores notas de su clase. Tiene quince años. Todos los chicos la buscan porque no sólo es linda, sino que también sabe mucho **sobre** muchas cosas. Además, es amigable y tiene una sonrisa muy **contagiosa**. Ella nunca está enojada ni triste. Es muy alegre, jovial y amable. Tiene muchas amigas que siempre la siguen por todas partes.

Es difícil encontrar algo negativo sobre mi hermana. Pero, a veces es terca. Cuando ella decide que algo se hará a su manera, es muy difícil hacerla **cambiar de parecer**. Por una parte, es una buena cualidad ya que **nadie** juega con ella, pero al mismo tiempo, es difícil **razonar** con ella. De todas formas, la amo porque es mi hermana.

Finalmente, estoy yo. Tengo doce años y soy estudiante. Me encanta estudiar. Soy muy feliz cuando estudio matemáticas y ciencias. Soy aficionado a las **estrellas**. Por eso me gusta la **astronomía**. Creo que es una ciencia muy interesante. **Me gustaría** ser **astrofísico** algún día. Hay mucho que aprender.

Pero, también me gustan los deportes. Mi deporte favorito es el béisbol. También me gusta el basquetbol, pero no soy tan alto como mi hermano. Todo el mundo me dice que pronto seré del mismo **tamaño** de mi hermano. Quizá es cierto. Pero no quiero ser como mi hermano; quiero ser yo mismo.

Somos cinco en total en mi familia. Pero hay más **miembros** de mi familia. Están mis **tíos**. Tengo dos tíos y cuatro **tías**. Además, tengo nueve **primos**. Y también están mis cuatro abuelitos. Mis dos abuelas son lindas conmigo. Mis dos abuelos son muy cariñosos. Siempre me están dando consejos para el estudio y el deporte.

Al final de cuentas tengo una familia grande. Cuando hay una **reunión**, toda la familia se junta en una casa. Usualmente, es en casa de uno de mis abuelitos. La familia se ve grande, hay mucha comida, y mucha diversión entre todos los primos.

Creo que tenemos una familia muy especial. Soy afortunado de vivir en una familia en donde todos nos **queremos** y nos **apoyamos**. Es verdaderamente la mejor familia en el mundo.

Resumen de la historia

Tengo la mejor familia del mundo. Somos cincos personas en mi familia: mi padre, mi madre, mi hermano mayor, mi hermana y yo.

Mi padre, Guillermo, es médico. Trabaja en un hospital. Es muy bueno en su trabajo, pero debe trabajar en las noches y los fines de semana. Es muy divertido pero también es muy exigente sobre todo con nuestros estudios.

Mi madre, Sofia, es gerente de recursos humanos en una empresa. Ella es muy cariñosa y siempre nos cuida cuando nos sentimos mal. Ella trabaja de lunes a viernes. También es estricta al igual que mi padre.

Mi hermano mayor, Carlos, tiene dieciséis años. Es muy popular en la escuela. Le gusta mucho el deporte. Juega en el equipo de basquetbol de la escuela. Es un muy buen chico.

Mi hermana, Sofía, es una chica muy bonita, pero también es muy inteligente. Tiene quince años. También es popular y tiene muchos amigos. Ella es una persona muy cariñosa y amable con todos.

Luego, estoy yo. Tengo doce años. Me gustan los deportes, en particular, el béisbol. También me gusta mucho las clases de matemáticas y ciencias. Me gustaría ser astrofísico en el futuro.

Somos una familia pequeña, pero tengo dos tíos y cuatro tías, nueve primos, mis dos abuelitos y mis dos abuelitas. Cuando se une toda la familia, es una ocasión alegre y divertida.

Summary of the Story

I have the best family in the world. There are five people in my family: my father, my mother, my older brother, my sister, and me.

My father, Guillermo, is a doctor. He works in a hospital. He is very good at his job, but he must work at night and on weekends. He is very fun, but it is also very demanding, especially with our studies.

My mother, Sofia, is a human resources manager in a company. She is very affectionate and always takes care of us when we feel bad. She works from Monday to Friday. She is also strict, just like my father.

My older brother, Carlos, is sixteen. It is very popular in school. He likes sports a lot. He plays on the school basketball team. He is a very good boy.

My sister, Sofia, is a very pretty girl, but she is also very intelligent. She is fifteen years old. She is also popular and has many friends. She is a very affectionate and kind person with everyone.

Then, there's me. I'm twelve years old. I like sports, in particular, baseball. I also like math and science classes a lot. I would like to be an astrophysicist in the future.

We are a small family, but I have two uncles and four aunts, nine cousins, my two grandfathers, and two grandmothers. When the whole family gets together, it is a joyful and fun occasion.

Vocabulary

1. **mejor** — best
2. **de hecho** — in fact
3. **relativamente** — relatively
4. **no cabe duda** — no doubt
5. **sé** — I know
6. **porqué** — why
7. **buena pregunta** — good question
8. **para empezar** — to get started
9. **padre** — father
10. **atendiendo** — attending
11. **dedicado** — dedicated
12. **alegre** — cheerful
13. **divertida** — funny
14. **negativa** — negative
15. **estricto** — strict
16. **exigente** — demanding
17. **madre** — mother
18. **tierna** — tender
19. **cariñosa** — loving
20. **sufrir** — suffer
21. **hacernos** — make us
22. **sentir mejor** — feel better
23. **conscientes** — conscious
24. **buen comportamiento** — good behavior
25. **deportista** — athlete
26. **cerca** — near
27. **cualidades** — qualities
28. **brusco** — abrupt
29. **empuja** — push
30. **grita** — shouts
31. **lastimaría** — it would hurt
32. **bonita** — pretty
33. **sobre** — on
34. **contagiosa** — contagious
35. **cambiar de parecer** — change your mind
36. **nadie** — no one
37. **razonar** — to reason
38. **estrellas** — stars
39. **astronomía** — astronomy
40. **me gustaría** — I would like
41. **astrofísico** — astrophysicist
42. **tamaño** — size

43.	**miembros**	members
44.	**tíos**	uncles
45.	**tías**	aunts
46.	**primos**	cousins
47.	**al final de cuentas**	in the end
48.	**reunión**	meeting
49.	**queremos**	we want
50.	**apoyamos**	we support

Questions About the Story

1. ¿Cómo es mi familia?

    a. Es muy agresiva

    b. Es muy novedosa

    c. Es muy amplia

    d. Es muy pequeña

2. ¿Cuántos miembros hay en mi familia?

    a. Dos

    b. Tres

    c. Cuatro

    d. Cinco

3. ¿Cómo es mi hermano Carlos?

    a. Terrible

    b. Adorable

    c. Popular

    d. Tremendo

4. ¿Cómo es mi hermana Sofía?

    a. Terrible

    b. Tímida

    c. Tremenda

    d. Inteligente

5. ¿Cuántos primos tengo?

    a. Ocho

b. Nueve

c. Diez

d. Once

Answers

1. D
2. D
3. C
4. D
5. B

Chapter Twenty

Are You in Fashion? — ¿Estás a la moda?

El mundo de la moda es **cambiante**. Cada día, **surgen** nuevas ideas, nuevas **creaciones** y nuevas **tendencias**. Para las personas que les gusta estar a la **moda**, estar siempre a la moda es un **reto**. Es necesario conocer las nuevas tendencias en el **mundo** de la moda al igual que los **diseñadores** más populares del momento. Además, se debe conocer cuáles son las **marcas** más **influyentes** de la temporada **actual**.

Cuando se habla de moda, el punto **principal** es la ropa. La ropa es tan **amplia** y variada. Es realmente **difícil elegir** un solo **estilo**. De hecho, las personas que **disfrutan** de la moda siempre eligen varios estilos para usar según la ocasión.

Por ejemplo, existe **ropa formal**. Este estilo de vestir se usa en el trabajo o en **eventos formales**. En el trabajo, es común **vestir** formalmente especialmente cuando hay **reuniones de trabajo** con clientes o personas importantes. Para un hombre, el look **clásico** es un traje de **pantalón** y **saco** con **camisa** y **corbata**. Este look siempre va bien en cualquier situación.

En el caso de una mujer, un **atuendo formal** puede ser un traje formal, o bien, un vestido si se trata de un **evento social**. **Tradicionalmente**, se usa **vestido**

largo para un evento formal y un **vestido corto** para un evento social. Claro, las reglas siempre se pueden **romper**.

Para vestir **diariamente**, las reglas cambian **drásticamente**. Se puede usar cualquier tipo de atuendo, según la ocasión y el clima. Cuando hace calor, es común usar ropa más fresca, es decir, ropa más fresca y de colores más claros. Las camisetas, playeras y pantalones cortos son muy populares. También se pueden usar vaqueros, aunque cuando hace mucho calor, no es muy buena idea.

Cuando hace frío, se debe usar ropa más **pesada** y de colores más o menos oscuros. Por ejemplo, se puede usar chaqueta, **suéter** o camisas y **blusas** de **manga larga**. En este caso, se usa ropa de **materiales** como la **lana** y el **algodón**. Son más calientes sobre todo cuando hace mucho aire o hasta nieve.

Luego, están los **accesorios**. Cuando se trata de accesorios, es un poco difícil saber por dónde empezar. La razón es porque hay tantos accesorios de dónde escoger. Por ejemplo, están las **joyas**, las gafas de sol, los relojes y los **collares**.

Los hombres, por lo regular, usan relojes y quizá una **cadena**. Las cadenas suelen ser de **oro** o de **plata**, dependiendo del gusto de la persona. Los relojes varían en **tamaño**, **estilo** y **precio**. Usualmente, un reloj es un accesorio que complementa el atuendo. Entonces, es importante considerar el tamaño, color o cualquier otra función que éste tiene.

Las mujeres usan **aretes**, **sortijas**, **pulseras** o collares. Este tipo de joyas varían según el estilo y gusto de la persona. Usualmente, las joyas están hechas de oro o plata. Pero ahora se utilizan otro tipo de materiales como el plástico, la madera y hasta el cristal. En definitiva, el uso de los accesorios depende del atuendo y el look que la persona desea alcanzar.

Además, se debe considerar la marca y los precios de los artículos. Si una persona desea usar artículos de **marcas de lujo**, el **costo** de estos artículos tiende a ser muy alto. Entonces, es importante que considere si existe alguna otra marca más económica, o bien, se siente cómodo con el precio de los artículos.

Luego, existen algunas marcas y **casas de moda** que **promocionan** artículos para **consumo masivo**. Estas marcas no necesariamente son consideradas de lujo, pero tampoco son productos **baratos**. Esto significa que estos artículos son populares, pero son más económicos que las **versiones** de lujo. Son una muy buena **alternativa** para lucir bien, pero sin gastar mucho.

Finalmente, están los zapatos. Los zapatos son muy varios. Por ejemplo, las zapatillas deportivas son muy populares, y algunos estilos, también son muy costosos. En algunos casos, las zapatillas deportivas son más costosas que los zapatos de vestir de una casa de moda.

Para las mujeres existe una gran variedad de zapatos, **botas** y **sandalias**. Principalmente, existen zapatos de **tacón alto** y **tacón bajo**. También hay botas regulares y botas altas. Las sandalias son muy populares para un look **casual** o para un día muy caluroso.

Estar a la moda no es fácil porque requiere estar siempre informado sobre los cambios en las tendencias. Sin embargo, es una afición muy interesante y divertida.

Resumen de la historia

El mundo de la moda es cambiante. Para las personas que les gusta estar siempre a la moda, deben conocer sobre los cambios, innovaciones y tendencias. Para esto, deben estar informados sobre los nuevos estilos, diseñadores y marcas que surgen prácticamente a diario.

Primeramente, la ropa es lo más popular con respecto a la moda. Principalmente se tiene ropa formal y casual. La ropa formal se usa para el trabajo y los eventos formales. Un hombre puede usar un traje de pantalón y chaqueta con camisa y corbata. Una mujer puede usar un vestido largo o corto, según el tipo de evento que asiste.

Luego están los accesorios. Los accesorios pueden ser joyas como aretes, sortijas, pulseras y collares. El material más común para este tipo de accesorios es el oro y la plata. Ahora, existen otros materiales como el plástico, madera y cristal usado en los accesorios. Para los hombres, los relojes y las cadenas son accesorios comunes.

Cuando hace calor, ropa ligera y de colores claros es útil como playeras, camisetas y pantalones cortos. Cuando hace frío, ropa más pesada y de colores más oscuros son útiles. Los materiales de esta ropa son la lana y el algodón.

Finalmente, están los zapatos. Las zapatillas deportivas son muy populares, pero también son costosas. Luego, están los zapatos de tacón alto y tacón bajo. También son populares las botas.

Para estar a la moda, se requiere estar informado sobre los cambios en las tendencias de la moda. Es una afición divertida.

Summary of the Story

The world of fashion is changing. For people who like to be always in fashion, they should know about changes, innovations, and trends. Because of this, they must be informed about the new styles, designers, and brands that arise almost daily.

First, clothing is the most popular item with respect to fashion. Mainly, you have formal and casual clothes. Formal wear is used for work and formal events. A man can wear a suit consisting of trousers and a jacket with a shirt and tie. A woman can wear a long or short dress, depending on the type of event she attends.

Then there are the accessories. Accessories can be jewelry, such as earrings, rings, bracelets, and necklaces. The most common material for this type of accessories is gold and silver. Now, there are other materials, such as plastic, wood, and crystal used in the accessories. For men, watches and chains are common accessories.

On a hot weather, light and light-colored clothing, such as t-shirts, shirts, and shorts, are useful. When it's cold, heavier clothes and darker colors are useful. The materials of these clothes are wool and cotton.

Finally, there are the shoes. Sneakers are very popular, but they are also expensive. Then, there are high heels and low heels. Boots are also popular.

To be fashionable, it is necessary to be informed about changes in fashion trends. It is a fun hobby.

Vocabulary

1. **cambiante** — changing
2. **surgen** — arise
3. **creaciones** — creations
4. **tendencias** — trends
5. **moda** — fashion
6. **reto** — challenge
7. **mundo** — world
8. **diseñadores** — designers
9. **marcas** — brands
10. **influyentes** — influential
11. **actual** — current
12. **principal** — principal
13. **amplia** — wide
14. **difícil** — hard
15. **elegir** — to choose
16. **estilo** — style
17. **disfrutan** — enjoy
18. **ropa formal** — formal wear
19. **eventos formales** — formal events
20. **vestir** — wear
21. **reuniones de trabajo** — work meetings
22. **clásico** — classic
23. **pantalón** — trousers
24. **saco** — coat
25. **camisa** — shirt
26. **corbata** — tie
27. **atuendo formal** — formal attire
28. **evento social** — social event
29. **tradicionalmente** — traditionally
30. **vestido largo** — long dress
31. **vestido corto** — short dress
32. **romper** — to break
33. **diariamente** — daily
34. **drásticamente** — drastically
35. **pesada** — heavy
36. **suéter** — sweater
37. **blusas** — blouses
38. **manga larga** — long sleeve
39. **materiales** — materials
40. **lana** — wool
41. **algodón** — cotton

42. **accesorios** — accessories
43. **joyas** — jewelry
44. **collares** — necklaces
45. **cadena** — chain
46. **oro** — gold
47. **plata** — silver
48. **tamaño** — size
49. **estilo** — style
50. **precio** — price
51. **aretes** — earrings
52. **sortijas** — rings
53. **pulseras** — bracelets
54. **marcas de lujo** — luxury brands
55. **costo** — cost
56. **casas de moda** — fashion houses
57. **promocionan** — promote
58. **consumo masivo** — massive consume
59. **baratos** — cheap
60. **versiones** — versions
61. **alternativa** — alternative
62. **botas** — boots
63. **sandalias** — flips flops
64. **tacón alto** — high heel
65. **tacón bajo** — low heel
66. **casual** — casual

Questions About the Story

1. ¿Cómo es la moda?

    a. Divertida

    b. Interesante

    c. Estresante

    d. Cambiante

2. ¿Cuándo se usa la ropa formal?

    a. Para un evento casual

    b. Para una reunión

    c. Para una ir de compras

    d. Para una nueva fiesta

3. ¿Qué ropa se usa cuando hace calor?

    a. Camiseta y suéter

    b. Camiseta y pantalones cortos

    c. Playera y chaqueta formal

    d. Vaqueros y suéter

4. ¿Qué ropa se usa cuando hace frío?

    a. Camiseta y suéter

    b. Camiseta y pantalones cortos

    c. Playera y chaqueta formal

    d. Vaqueros y suéter

5. ¿Cuáles son accesorios?

    a. Zapatos y corbata

b. Joyas y relojes

c. Relojes y ropa

d. Collares y zapatos

Answers

1. D
2. B
3. B
4. D
5. B

Chapter Twenty-one:

Enjoying Good Music — Disfrutar de buena música

El mundo está lleno de música. En cualquier ciudad, o país, siempre se escucha música. No cabe duda de que la música es parte de la cultura e **identidad** de cada país, región y **etnia**. Cada **grupo social** tiene su propia música que le caracteriza. Esto es no sólo una expresión de su cultura e **identidad nacional**, sino que también es por el gusto de la buena música, la **diversión** y pasarla bien entre familia y amigos.

La música se caracteriza por el **ritmo** y la **melodía**. Todos los tipos de música tienen ritmo y melodía. Claro, éstos cambian según el tipo de música. Cuando la música es **alegre**, el ritmo es más rápido. Esto produce un ritmo que es muy bueno para bailar. Aunque no siempre debe ser rápida la música para **bailar**. En algunos casos, la música es un poco más **lenta**. Con esto, se pueden bailar ritmos diferentes de música.

Luego, la melodía cambia según el tipo de música. No importa si la música es para bailar, o solo para escucharla. La melodía crea el sonido que se percibe. **Por lo tanto**, una bonita melodía es agradable. Si la melodía no es agradable, entonces es muy probable que la música no cause agrado en las personas que la escuchan.

Para crear música, se utilizan **instrumentos musicales**. Hay todo tipo de instrumentos musicales. El instrumento más popular es el tambor. El **tambor** es un instrumento de **percusión**, es decir, se debe **golpear** con las **manos**, o con algún otro **dispositivo** para hacerlo **sonar**. Los tambores se usan en una gran variedad de estilos y géneros musicales. La función del tambor es marcar el ritmo de la música mientras que la melodía sigue el ritmo.

Otros instrumentos musicales son el **piano**, la **guitarra**, la **trompeta**, el **saxofón** o el **violín**. Todos estos instrumentos tienen diferentes **funciones** dentro de la música. Estos instrumentos pueden sonar al **mismo tiempo**, aunque cumplen con diversos momentos. Por ejemplo, la guitarra se usa para **marcar** ritmo, mientras que el saxofón usualmente lleva la melodía.

La música se divide en **piezas musicales**. La pieza musical más común es una **canción**. Una canción es una historia musical que representa las ideas y los **sentimientos** de los **compositores** y los **intérpretes**. Cuando se escribe una canción se tiene un estilo musical en mente. Por ejemplo, el estilo puede ser específicamente para el baile, o bien, para **relatar** una historia.

Los estilos musicales se conocen como **géneros**. Existen los géneros musicales son muy variados. Existen muchos estilos. Los estilos dependen de la cultura, región y **talentos** de los músicos que interpretan la música. Por ejemplo, si los músicos están entrenados en el estilo clásico, es común que interpreten música para

orquesta. Esta música, conocida como música "clásica", tiene muchos años de existir. Es interpretada por miles de músicos en todas partes del mundo.

Otros estilos como el **rock, pop, salsa, merengue, blues** o **reggae** son géneros usualmente asociados con idiomas y las culturas que lo representan. En este sentido, es importante conocer las diferentes características de cada género. Algunos géneros solamente utilizan un tambor y las voces de los intérpretes. En otros casos, usan una serie de **arreglos** complejos como en el caso de una **sinfonía**. Otros tipos de música son completamente **electrónicos**, es decir, no utilizan instrumentos convencionales, sino que utilizan instrumentos eléctricos o sonidos generados por **computadoras**.

El único instrumento musical que no se ha podido replicar es la **voz humana**. La voz humana es única en cada persona. Cada individuo tiene su propia voz. Por eso es **virtualmente** imposible recrear los efectos de la voz humana. Aun cuando hay música totalmente electrónica, siempre se requiere del talento de una persona para **cantar**. "Cantar" es la acción de hacer melodías con la voz humana. Existen diferentes tipos de canto dentro de los cuales se destaca la **ópera**. La ópera es un género musical muy exigente para la voz de los **cantantes**.

Para disfrutar de la buena música no se necesita más que **amor** y gusto por la música. El género no importa. Lo que importa es tener el **deseo** de escuchar de una buena melodía y disfrutar de un buen ritmo para bailar. Los gustos dependen de cada persona. Así que no importan los gustos. Lo importante es disfrutar de todo tipo de música.

Resumen de la historia

La música se compone de dos elementos importantes, el ritmo y la melodía. El ritmo de la música es rápido o lento. Cuando la música es rápida, es ideal para bailar. Los ritmos para bailar se caracterizan por el uso del tambor. El tambor es un instrumento de percusión que se golpea con las manos o con otro dispositivo. Esto crea el ritmo.

La melodía se percibe conjuntamente con el ritmo. La melodía puede ser muy agradable o bien desagradable. Esto depende de los gustos de la persona que escucha la música. Si la persona no le gusta la melodía, esta resulta desagradable. Si le gusta la melodía, entonces es agradable.

La música se crea con instrumentos musicales. El tambor es un instrumento musical. Otros instrumentos musicales incluyen el piano, la guitarra, la trompeta, el saxofón y el violín. Estos son instrumentos utilizados en diferentes estilos musicales.

Los estilos musicales también se conocen como géneros. Los géneros son variados. Por ejemplo, está el rock, pop, salsa, merengue, reggae entre tantos otros. La música se divide en piezas musicales. La pieza más común es una canción. Una canción es una historia musical. Usualmente tiene una historia que contar.

El único instrumento musical que no se puede recrear es la voz humana. La voz humana es única para cada individuo. Por eso es virtualmente imposible crearla con una computadora.

El gusto por la buena música no importa del género sino del buen gusto de cada persona.

Summary of the Story

Music is composed of two important elements, rhythm, and melody. The rhythm of music is either fast or slow. When the music is fast, it is ideal for dancing. The rhythms to dance are characterized by the use of the drum. The drum is a percussion instrument that is struck with the hands or with another device. This creates the rhythm.

Melody is perceived along with the rhythm. The melody can be very pleasant or unpleasant. This depends on the taste of the person who listens to music. If the person does not like the melody, it is unpleasant. If they like the melody, then it's nice.

Music is created with musical instruments. The drum is a musical instrument. Other musical instruments include piano, guitar, trumpet, saxophone, and violin. These are instruments used in different musical styles.

Musical styles are also known as genres. The genres are varied. For example, there is rock, pop, salsa, merengue, reggae, among many others. Music is divided into musical pieces. The most common piece is a song. A song is a musical story. It usually has a story to tell.

The only musical instrument that cannot be recreated is the human voice. The human voice is unique to each individual. That is why it is virtually impossible to create it with a computer.

The taste for good music does not depend on the genre but on the good taste of each person.

Vocabulary

1. **identidad** — identity
2. **etnia** — ethnicity
3. **grupo social** — social group
4. **identidad nacional** — national identity
5. **diversión** — fun
6. **ritmo** — rhythm
7. **melodía** — melody
8. **alegre** — cheerful
9. **bailar** — dance
10. **lenta** — slow
11. **por lo tanto** — thus
12. **instrumentos musicales** — musical instruments
13. **tambor** — drum
14. **percusión** — percussion
15. **golpear** — hit
16. **manos** — hands
17. **dispositivo** — device
18. **sonar** — sound
19. **piano** — piano
20. **guitarra** — guitar
21. **trompeta** — trumpet
22. **saxofón** — saxophone
23. **violín** — fiddle
24. **funciones** — functions
25. **mismo tiempo** — same time
26. **marcar** — mark
27. **piezas musicales** — pieces musicals
28. **canción** — song
29. **sentimientos** — feelings
30. **compositores** — composers
31. **intérpretes** — interpreters
32. **relatar** — tell
33. **géneros** — genders
34. **talentos** — talents
35. **orquesta** — orchestra
36. **rock** — rock
37. **pop** — pop
38. **salsa** — sauce
39. **merengue** — meringue
40. **blues** — blues
41. **reggae** — reggae

42. **arreglos** arrangements
43. **sinfonía** symphony
44. **electrónicos** electronic
45. **computadoras** computers
46. **voz humana** human voice
47. **virtualmente** virtually
48. **cantar** to sing
49. **ópera** opera
50. **cantantes** singers
51. **amor** love
52. **deseo** wish

Question About the Story

1. ¿Cómo se llaman los estilos musicales?

    a. Ritmo

    b. Melodía

    c. Forma

    d. Género

2. ¿Cuáles son los dos elementos de la música?

    a. Ritmo y melodía

    b. Tambor y piano

    c. Voz y talento

    d. Instrumento y voz

3. ¿Cuáles son los instrumentos musicales?

    a. Ritmo, piano y tambor

    b. Tambor, piano y violín

    c. Melodía, saxofón y género

    d. Piano, melodía y ritmo

4. ¿Cuál es el mejor ejemplo de una pieza musical?

    a. Género

    b. Canción

    c. Forma

    d. Estilo

5. ¿Cuál es el instrumento musical que no se puede replicar?

    a. Voz humana

b. Voz electrónica

c. Voz encantada

d. Voz iluminada

Answers

1. D
2. A
3. B
4. B
5. A

Conclusion

Thank you for making it all the way to the end of this book. If you have made it this far, it is because you are committed to improving your Spanish skills. You are not only determined to make an effort, but you are also willing to see it through to the end.

So, what's next?

Please go back and review any stories where you would like to get more practice on. It is always a good idea to go back and review vocabulary, as you might discover something new.

Also, take the time to read the stories aloud. This will help you practice pronunciation and begin improving your overall speaking fluency. In addition, try out the language, which you have learned in this book, with any Spanish-speaking friends you may have. You will notice that it isn't as hard as you might have thought to communicate with them.

Above all, keep in mind that practice makes perfect. So, the more you practice, the more you will be able to improve on your current skills. If you can dedicate a few minutes of your day every day to the study of Spanish, you will soon find that your skills have improved. The biggest effect of this improvement will be your self-confidence gaining momentum.

Thank you once again for reading this book. We hope it has been useful and informative and that it has been worth your while. Keep up the good work!

www.ingramcontent.com/pod-product-compliance
Lightning Source LLC
Chambersburg PA
CBHW081742100526
44592CB00015B/2263